ANÁLISE ECONÔMICA

do Processo Civil Brasileiro

Jean Carlos Dias

Bernardo Augusto da Costa Pereira

ANÁLISE ECONÔMICA do Processo Civil Brasileiro

2ª edição

Revista, atualizada e ampliada

2021

EDITORA *Jus*PODIVM

www.editorajuspodivm.com.br

EDITORA
*Jus*PODIVM
www.editorajuspodivm.com.br

Rua Canuto Saraiva, 131 – Mooca – CEP: 03113-010 – São Paulo – São Paulo
Tel: (11) 3582.5757
• Contato: https://www.editorajuspodivm.com.br/sac

Copyright: Edições *Jus*PODIVM

Diagramação: Equipe *Jus*PODIVM

Capa: Ana Caquetti

• A Editora *JusPODIVM* passou a publicar esta obra a partir da 2.ª edição.

S355s Dias, Jean Carlos.
Análise econômica do processo civil brasileiro / Jean Carlos Dias e Bernardo Augusto da Costa Pereira. – São Paulo: Ed. JusPodivm, 2021.
160 p.

Bibliografia.
ISBN. 978-65-5680-544-3

1. Processo civil - Aspectos econômicos. 2. Análise econômica do direito. 3. Direito e economia. I. Título.

09-3954. CDD 347.91/.95

A Deus, por manter-me o bom ânimo
necessário às vicissitudes da vida humana.

A Carina e Lara, meus amores, mansidão e energia,
respectivamente, que enriquecem minha existência.

Ao meu amigo e sócio Elísio,
pelo incentivo e pela convivência fraterna.

Ao nosso grande Editor Vauledir Santos,
pelas orientações, parceria e visão.

A Profa. Teresa Arruda Alvim Wambier,
por seu magistério a uma geração inteira
de processualistas brasileiros.

Ao Luciano Timm.

Aos Professores e Alunos do CESUPA, em especial aos que integraram o meu Grupo de Pesquisa CNPq sobre a Análise Econômica do Direito, cujos debates foram em boa parte retratados nesta obra.

(Jean Carlos Dias)

*Aos meus pais Augusto (*in memorian*) e Leida por todo o apoio e pelas valiosas lições repassadas.*

Para Roselina, pela dedicação inabalável nos últimos 30 anos.

Para Liliana, pelo amor, carinho e companheirismo.

Ao amigo Jean Carlos Dias, pela parceria e confiança.

*Ao querido João Carlos Pereira (*in memorian*), intelectual paraense, professor, jornalista e escritor, que tanto me ensinou a arte da escrita.*

Aos professores e alunos do CESUPA – Centro Universitário do Estado do Pará, e da FACI – Faculdade Ideal, por permitirem o ambiente acadêmico frutífero e por dividirem as alegrias e dificuldades da docência.

(Bernardo Pereira)

APRESENTAÇÃO À 2ª EDIÇÃO

A Análise Econômica do Direito (AED) é, hoje em dia, uma concepção teórica que cada vez mais tem servido para conceder aos que manejam o Direito uma série de instrumentos, buscados inicialmente na Economia, mas, hoje em dia enriquecidos pelas reflexões próprias dos juristas, que permitem uma análise que pensa a aplicação das normas jurídicas para além dos interesses específicos, particulares, das partes, emprestando um "que "a mais na racionalidade que acompanha, ou deve acompanhar, essa atuação do intérprete.

Não é uma concepção monolítica, no sentido de que pode ser refletida e aplicada com base em diferentes ideias de justiça, e isso tem sido demonstrado pelo manejo por autores mais afinados com o pensamento utilitarista mais contemporâneo, como identifico em Ivo Gico Junior, ou em uma perspectiva liberal, no mais puro padrão rawlsiano, como creio ser o que se depreende dos estudos de um dos autores deste livro, Jean Carlos Dias.

Tem sido, nos últimos anos, discutida de forma bem intensa no Brasil, graças aos esforços dos juristas acima indicados, além de diversos outros, como Luciano Benetti Timm, mas, ainda há lacunas e muito o que explorar.

O campo onde esse livro está inserido, a análise econômica do processo, é um exemplo disso. Depois de uma primeira edição pioneira, publicada mais de dez anos atrás, deparamo-nos todos com pouca produção a respeito, especialmente quando se pensa no quanto é importante discutirmos sua aplicação na esfera processual.

Assim, a 2ª edição da obra, enriquecida por seções novas e que trazem discussões que se tornaram relevantes e indispensáveis a partir da adoção de um novo e ainda recente Código de Processo Civil, é muito bem-vinda, por dar, em boa medida, graças ao seus aspectos inéditos, continuidade, no sentido de acréscimo, ao que foi feito pela edição anterior.

Continua a ser escrita por Jean Carlos Dias, Doutor em Direito pela Universidade Federal do Pará — onde tive a honra de ser seu orientador, e também de aprender com suas reflexões e profundo conhecimento do Direito, mas, também, para além do Direito —, Coordenador do Programa de Pós-Graduação em Direito do Centro Universitário do Estado, Advogado reconhecido pelos seus pares e demais operadores do Direito, e jurista bem conhecido pelas obras publicadas nas suas mais diversas formas.

Agora ele tem a companhia de Bernardo Augusto da Costa Pereira, Mestre e doutorando em Direito também pela Universidade Federal do Pará, um dos grandes professores de Direito Processual Civil desta nova geração, além de autor, já, de obras e textos que envolvem a temática do processo.

Ao ler o livro, tenho certeza de que foi formada uma parceria de sucesso, sendo o resultado uma obra que, com certeza, será grande referência para a temática, com repercussões para além do que talvez, inicialmente, tenham os autores pretendido, que era a esfera das letras jurídicas brasileiras, no âmbito processual.

Por isso que, mais do que apresentar, assumo aqui, com satisfação e por iniciativa própria, a tarefa de recomendar a leitura a todos que pretendem compreender a EAD e sua aplicação no processo civil.

Belém-PA, janeiro de 2021

José Claudio Monteiro de Brito Filho

Doutor em Direito das Relações Sociais pela PUC/SP

Vice-Coordenador do PPGD/CESUPA

APRESENTAÇÃO À 1ª EDIÇÃO

Sempre entendi que qualquer obra humana, sobretudo a obra científica, dispensa apresentações, na medida em que o seu significado e o seu sentido são alcançados, em amplitude e em profundidade variadas, dependendo do nível de compreensão de cada espectador e do seu tempo.

Por outro lado, como sei que o autor de uma obra técnica ou científica se objetiva no que criou, sendo, portanto, julgado pelo talento, estilo e, em especial, pela utilidade humana que deixa revelados no resultado do seu esforço, estou convencido de que, na verdade, sua apresentação é o próprio trabalho produzido.

Em síntese, as apresentações, que objetivem o *debut* social, ou introduzir e recomendar um livro, são de quase nenhuma significação para os futuros leitores, o que se toma mais nítido quando o autor, como acontece no caso do Professor Jean Carlos Dias, ocupa um espaço técnico consolidado pelo valor e vigor da sua produção intelectual.

Aliás, já colhi de experiência própria que as apresentações de obras literárias ou científicas são apenas grandes demonstrações de generosidade e de humildade científica do autor. De generosidade, porque têm, induvidosamente, um teor de homenagem feita ao apresentador. E, de humildade científica, porque, de modo diverso do que acontece com as anotações constantes de prefácio, passam pelos olhos do leitor, não raro, sem qualquer leitura interessada.

Daí porque, quando recebi o convite para apresentar este novo livro do Professor Jean Carlos Dias, senti-me deveras honrado e, como sei que o seu prefácio é do labor da douta Professora Teresa Arruda Alvim Wambier, uma das mais eminentes estudiosas da ciência processual, percebi desde o primeiro instante a grandeza do gesto deste jovem e brilhante doutor que, tenho certeza, oferece não apenas uma nova contribuição, mas também uma contribuição nova para o nosso pensamento jurídico.

Digo assim, uma contribuição nova, porque, em direção um pouco diferente da adotada na rica bibliografia que já produziu o tema tratado desta vez pelo Professor Jean Carlos, vale dizer, a análise econômica do processo civil brasileiro, pelo seu enunciado, revela a notória atualidade e originalidade das suas preocupações, as quais assumem maior importância em um país, como o Brasil, em que a justiça verdadeiramente gratuita se encontra mais perto da utopia quanto mais longe da realidade.

O certo é que o leitor está diante de uma obra que merece atenção pela matéria tratada e também pela sua metodologia, pois o autor, ao propor conclusões setoriais, nos faz pensar gradativamente com ele, refletindo de modo constante para extrair o melhor do seu pensamento e meditar a respeito, o que dá um toque diferente à leitura do que expõe e, ao mesmo tempo, toma-a agradável.

Um livro como este reafirma as qualidades do seu autor, deixa-nos a certeza do seu sucesso e desperta a nossa expectativa de que ainda teremos muitos outros em seguida.

Belém, agosto de 2009.

Milton Augusto de Brito Nobre

Professor Emérito da Universidade da Amazônia - UNAMA
e Membro do Conselho Nacional de Justiça.

PREFÁCIO À 2ª EDIÇÃO

Foi com muita alegria que recebi honroso convite de prefaciar uma obra que conheci em sua primeira edição e que, por esses encontros da vida, aproximou-me academicamente do Prof. Jean Dias.

Tratava-se, já na primeira edição, ouso a dizer, de obra que inaugurou o estudo da Análise Econômica do Processo no Brasil.

O Professor Jean é um reconhecido e renomado especialista em Análise Econômica do Direito (AED) e em Filosofia do Direito, digno da tradição nortista brasileira de profunda erudição e de facilidade do trato do vernáculo, associadas ao tratamento técnico do tema em discussão.

O Brasil ainda vive de um certo "são paulo centrismo" e talvez isso explique um pouco o motivo de uma demora da segunda edição dessa fundamental obra do Prof. Jean e de seu coautor, Bernardo.

Em relação à obra propriamente dita, ela trata dos principais temas de processo civil que assolam a Justiça brasileira há décadas e que a dogmática jurídica processual (ainda focada no estudo das normas e sem contato com a realidade do mundo forense) não foi capaz de endereçar, a saber: estratégia processual, recursos, custas, precedentes entre outros temas essenciais a serem discutidos sob o viés do pragmatismo e do consequencialismo para os quais a AED fornece instrumentos robustos de enfrentamento teórico e prático.

Com efeito, é senso comum repetir que a "justiça está em crise". Os dados publicados pelo CNJ no "Justiça em Números" não deixa dúvida quanto a essa realidade triste. É comum ouvirmos do Poder Judiciário que ele nada pode fazer para resolver o problema de excesso de processos e de recursos, pois a causa do problema está na legislação. Todavia, em certas ocasiões é o próprio Poder Judiciário que alimenta a litigância com a interpretação que faz da lei, especialmente quando confronta textualmente ou mesmo finalisticamente a política pública já feita pelo parlamento e refletida na legislação.

O tema das custas e da concessão judicial de assistência judiciária gratuita, assim como da sucumbência em honorários advocatícios estão entre aqueles temas que o Poder Judiciário contribui para litigância exagerada e, às vezes, até predatória. Com efeito, a interpretação sobre essas regras legais traz impactos econômicos ao sistema público de solução de controvérsias e também estabelecem incentivos comportamentais gerados aos litigantes para propor ações judiciais ou recursos.

Nesse diapasão, entender como diferentes estratégias de incentivos das partes operam na prática é de central importância no campo das políticas públicas. Como referido anteriormente, institutos jurídicos como a assistência judiciária gratuita, as custas processuais, e os próprios honorários sucumbenciais produzem efeitos diretos sobre o comportamento de litigantes e potenciais litigantes (equação de custo benefício feita pelo tomador de decisão). Tais institutos afetam diretamente a percepção dos indivíduos que queiram litigar, alterando os parâmetros da análise custo-benefício que antecede a tomada de decisão.

Nesse sentido, tal análise está diretamente relacionada à ideia de risco – o valor da causa é sempre contrastado pelo autor com o risco de "perda". Isso significa que se a chance de derrota na disputa do caso for elevada, e o autor tiver que arcar com as despesas envolvidas pela sistemática estabelecida pelo Código de Processo Civil, ele provavelmente irá optar por cumprir espontaneamente a lei e não ingressar com a ação.

Inversamente, se a perspectiva de derrota for mínima, ou se os custos associados ao risco que se pretende correr forem baixos, provavelmente esse tomador de decisão (inclusive o governante) optará por ingressar com a ação e iniciar um novo litígio. Veja-se, portanto, que a ponderação realizada pelos agentes é bastante direta: se os custos esperados forem menores do que o benefício provável, na maior parte das vezes, a decisão racional será litigar. Não há dúvidas quanto a tais premissas.

Autores importantes como Luciana Yeung, Erik Volkhart e Ivo Gico vêm tratando do tema do processo sob as lentes da AED. Todavia, essa obra pioneira de Jean e Bernardo permanece essencial por seu caráter sistêmico, por seu esgotamento da matéria dentro da realidade brasileira e por trazer conceitos introdutórios fundamentais aos acadêmicos do assunto.

Por isso, a obra é fundamental para os estudiosos do processo civil, da AED e daqueles que desenham a política pública judiciária, dado que "não existe justiça gratuita". Ademais, a crise sanitária gerada pela covid 19, que desembocou em uma segunda crise, agora econômica, assim como a publicação da Lei Geral de Dados (LGPD) pressionarão o sistema público de distribuição de justiça, que já vive uma "tragédia dos baldios" (na feliz expressão do jurista português Fernando Araújo). Sem essas ferramentas pragmáticas, dificilmente o Poder Judiciário escapará de uma nova onda de litigância de massa.

Por tudo isso, recomendamos vividamente a leitura desse livro!

São Paulo, 20 de janeiro de 2021

Luciano Benetti Timm

Advogado e Árbitro

Mestre e Doutor em Direito (UFRGS)

Pesquisador de Pós Doutorado na Universidade da Calirfórnia (Berkeley)

LLM em Direito Econômico Internacional (Warwick)

Professor da FGVSP

Ex presidente da ABDE, 2007 e 2017

Ex Secretário Nacional do Consumidor, Ministério da Justiça, 2019-2020

PREFÁCIO À 1ª EDIÇÃO

A leitura do livro de Jean Carlos Dias me fez reformular uma pergunta, que tenho frequentemente feito a mim mesma, e me fez solidificar uma antiga certeza sobre uma de minhas "crenças". A pergunta é a seguinte: por que às vezes parece tão difícil enxergar-se o óbvio? E passei a acreditar ainda mais que coisas inteligentes e profundas podem, realmente, ser ditas em linguagem simples, clara e direta. E mais: em poucas páginas.

As reflexões constantes deste interessante trabalho nasceram do exame da realidade jurídica. O autor pretendeu imprimir a análise de alguns temas do processo civil sob a ótica da análise econômica.

A abordagem típica da análise econômica do processo implica um diálogo entre teóricos do direito e a análise empírica, que é, na verdade, ao que parece, nada de mais complicado do que a simples observação da realidade jurídica local.

Foram objeto desta análise neste trabalho questões atualíssimas, muitas delas ligadas a recentes alterações da lei processual, e todas fruto da preocupação do legislador no sentido de tomar o processo civil brasileiro mais efetivo. Não se teve, como explica o autor na sua introdução, a pretensão de estudar sistematicamente nenhum dos institutos ou figuras. A ideia foi a de elegê-los como objeto de uma abordagem analítico-econômica do processo.

Os temas, eleitos pelo autor, e que são objeto de análise exclusivamente sob este viés, além de atualíssimos, são extremamente importantes: sanções econômicas e prisão como desestímulo a descumprimento de ordem judicial, litigância de má-fé, provas, custos do processo, julgamentos segmentados, transação, força vinculante de precedentes, liminares e princípio da congruência, e outros assuntos.

Este tipo de abordagem tem suas raízes no pragmatismo norte-americano, escola de pensamento cuja característica mais marcante, em meu entender, é ser comprometida com a solução de problemas do mundo real. Deve-se "conhecer" com uma finalidade e não "conhecer" por "conhecer".

Este tom de abordagem significa quase que um "puxão de orelha" nos processualistas que teorizam por teorizar, por deleite ou na busca de uma solução que se encaixe perfeitamente no sistema como uma peça de um quebra-cabeças.

Hoje se entende que o direito, pois, deve, acima de tudo, ser eficiente. E quando digo que o direito deve ser eficiente, na verdade estou pensando na necessidade de eficiência de um direito *que já não foi eficiente*, tanto que se instaurou um processo. Refiro-me à eficiência do direito realizada por meio da eficiência do processo! E o padrão de verificação desta eficiência é, sem dúvida, a ótica do jurisdicionado. O jurisdicionado que é, não raramente, esquecido pelo processualista.

Embora extremamente crítico, o trabalho que ora tenho a honra e o prazer de prefaciar é, de certo modo, otimista. Acende luzes sobre a ótica de abordagem capaz de gerar um processo eficiente. Ótica de que se deve partir, se se quer um processo útil.

Espero que haja outros que tenham a coragem de refletir com objetivos tão claros, de dizer, em linguagem simples, coisas inteligentes e úteis, mesmo correndo o risco de errar. É desejável que haja outros que se interessem em aprofundar os assuntos aqui versados, inspirando-se em ideias como estas, para fazer doutrina, para decidir (se forem magistrados), para opinar (se forem membros do MP) e para mudar a lei.

Teresa Arruda Alvim Wambier

SUMÁRIO

INTRODUÇÃO À SEGUNDA EDIÇÃO

A Análise Econômica do Direito - AED é um dos movimentos teóricos que mais tem contribuído para o desenvolvimento dos estudos jurídicos contemporâneos, por apresentar um conjunto de ferramentas capazes de subsidiar o processo de compreensão, desenvolvimento e aplicação das normas que integram um sistema jurídico.

Um dos aspectos mais interessantes é que a AED não pretende, pelo menos na sua versão mais difundida, apresentar-se como uma teoria do Direito abrangente, pelo contrário, busca oferecer elementos de análise de modo a possibilitar o fortalecimento do papel do jurista como crítico do sistema normativo, como elaborador de políticas públicas, como planejador de relações sociais e jurídicas.

Do ponto de vista teórico o desenvolvimento da investigação analítica derivada, no ambiente do Direito, do debate entre movimentos filosóficos tão diversos como o realismo e o pragmatismo norte-americanos, revela a evolução da pesquisa e sua comprovação no ambiente jurisdicional.

A esse respeito, em livro que investiga as bases teóricas da AED, um dos autores expôs:

> A Análise Econômica do Direito (AED) é muito mais propriamente entendida se vista como um movimento teórico que mais especificamente como uma teoria do Direito, pelo menos até os estudos filosóficos de Richard Posner, a partir dos anos 1980. Esse grande movimento acaba congregando várias matrizes de pensamento, além de diversas áreas de conhecimento. É possível, a despeito dessa complexidade, localizar algumas fontes que são amplamente indicadas como tendo possibilitado o desenvolvimento dessa linha de abordagem. Na origem remota está a filosofia pragmática que os realistas jurídicos se fundamentaram para combater o formalismo, que, no cenário americano, representa em certa medida o pensamento positivo mais estrito. Por outro lado, Pos-

ner, mesmo como um dos mais importantes teóricos contemporâneos do movimento, indica como fontes atuais o trabalho de Coase e seus próprios estudos como origem próxima daquilo que se compreende, atualmente, como Análise Econômica do Direito. Embora possam existir fontes convergentes para entender a gênese do movimento, é necessário, ao menos, ter uma noção do pragmatismo filosófico, do realismo americano para entender a virada pragmática de Posner.[1]

Esse movimento ganhou corpo e unidade e, ainda, serviu-se da evolução metodológica da ciência econômica, para tornar-se cada vez mais relevante como aponta o mesmo texto antes referido:

> Esses estudos mantiveram a teoria viva e, a partir da década de 60, novas abordagens a partir desse ambiente filosófico começaram a ser estruturadas no universo acadêmico norte-americano, com grande impacto para a filosofia do Direito contemporânea.
>
> Alvarez aponta que, a partir da década de 70, a teoria jurídica deparou-se com três movimentos relevantes: a análise econômica do direito, os estudos jurídicos críticos e os estudos sobre a Justiça de Rawls, Dworkin e Nozick.
>
> Tanto a análise econômica do direito, quanto os estudos jurídicos críticos são, de uma forma ou outra, tributários do pensamento pragmatista e, ainda que sejam abordagens técnica e teoricamente independentes, se servem de postulados da escola.
>
> A Análise Econômica do Direito apresenta-se, então, como um complexo de estudos cuja interdisciplinaridade manifesta-se pela busca em aplicar as ferramentas teóricas da Economia ao pensamento jurídico.[2]

Nesse sentido, a Análise Econômica do Direito, em sua versão mais atual e difundida, que busca oferecer um padrão sistemático e analítico de reflexão sobre as normas jurídicas e as expectativas racionais de adoção daquilo que as normas impõem e, também, a respeito da busca por soluções jurídicas racionalmente eficientes, tem alcançado grande impacto na investigação de vários campos do conhecimento jurídico.

A influência da AED tem sido verificada, especialmente, na atuação dos tribunais, sobretudo das Cortes Constitucionais, o que pode ser considerado

1 Dias, Jean Carlos. *Teorias Contemporâneas do Direito e da Justiça*. 2 ed. Salvador: Juspodivm, 2019, p. 165.

2 Dias, Jean Carlos. *Teorias Contemporâneas do Direito e da Justiça*. 2 ed. Salvador: Juspodivm, 2019, p. 171.

com um indicador da progressiva relevância de sua contribuição para o exame das questões jurídicas complexas nas sociedades contemporâneas.

Dentre os diversos campos de investigação, a análise econômica do processo judicial tem se tornado um dos mais frutíferos. Uma série de estudos tem promovido uma verdadeira revolução na forma de avaliar e formular uma reflexão crítica sobre a regulação legal do processo e sua capacidade de limitar os objetivos da própria atuação jurisdicional.

De outro lado, a concepção dos litigantes como agentes racionais, por sua vez, atrai uma pesquisa mais empírica, capaz de estabelecer, tanto descritiva como normativamente, as condutas esperadas e, em função disso, como as normas processuais podem contribuir para soluções mais céleres, eficientes, justas e previsíveis.

Nesse sentido, Shavell aponta que a análise do processo judicial pode nos levar a concluir que as regras que o regulam podem acabar criando custos que serão suportados não pelos litigantes, mas por toda a sociedade: "*I emphasize that the privates incentives of parties in litigation may diverge significantly from socially appropriate incentives, given that litigation is costly*"[3].

Logo, para investigar o sistema, é preciso ter em vista a eficiência das regras legais em direcionar o conflito a uma solução menos gravosa, o que somente é possível se essas regras forem racionais e adequadamente orientadas para o fim a que se destinam; isso exige pesquisa aprofundada.

Essa é a razão de a rica bibliografia que floresceu nos últimos anos tradicionalmente debruçar-se sobre o ramo do conhecimento que denominamos no Brasil de Direito Processual Civil, que na tradição da AED abrange tanto os estudos em *litigation* como os que refletem acerca do *legal process.*

Essa linha de abordagem tem sido adotada em vários países, como pode ser verificado nas referências do presente livro, revelando a preocupação internacional em dialogar com a teoria a partir da realidade jurídica local. A presente obra, como o próprio título aponta, é uma aplicação das ferramentas da Análise Econômica do Direito ao nosso sistema processual.

É importante considerar que estudos dessa natureza normalmente têm o enfoque descritivo, mas, em função da racionalidade adotada, geralmente oferecem elementos de crítica que podem sugerir a alteração, abandono

3 SHAVELL, Steven. *Foundations of Economic Analysis of Law.* Cambridge: Belkanap Harvad Press, 2004, p. 388.

ou transformação de institutos jurídicos sem que isso implique, necessariamente, uma postura normativa.

Isso ocorre porque os fundamentos comportamentais da AED podem sugerir a necessidade de alteração das normas em função das finalidades alegadas. Nesse sentido Gico Jr expõe:

> O direito, de uma forma geral, e a TGP, em específico, não possuem uma teoria sobre o comportamento humano. É exatamente nesse sentido que a AED é mais útil aos juristas, à medida que oferece um instrumental teórico maduro para auxiliar na compreensão fatos sociais e na investigação de como os agentes sociais responderão a potenciais alterações em suas estruturas de incentivos[4]

No mesmo sentido Dias e Bicca Machado ao analisarem o tema pontuam:

> A análise econômica do Direito oferece ferramentas teóricas importantes para a compreensão do fenômeno processual, sobretudo levando em consideração as múltiplas possibilidades de conduta dos agentes em um ambiente juridicamente complexo.[5]

Em síntese, qualquer investigação a respeito do sistema processual legal exige, atualmente, suporte em fundamentos teóricos tais como os oferecidos pela análise econômica do Direito.

Como em geral ocorre entre os autores que se preocupam com o tema, as questões aqui tratadas não têm a pretensão de oferecer um estudo sistemático a respeito do processo civil brasileiro, sendo, ao contrário, orientadas para o debate de pontos que consideramos essenciais considerando as finalidades do processo como veículo primordial para o acesso à justiça.

Essa estratégia de abordagem reflete bastante intensamente uma preocupação empírica, relativa à experiência processual brasileira, cercada de peculiaridades, tais como as percebidas por Timm: "A motivação para acessar a justiça não passa pela percepção dos direitos envolvidos, mas dos interesses em jogo. Esses interesses normalmente dizem respeito ao uso instrumental do Poder Judiciário".[6]

---

4 GICO JR, Ivo. *Análise Econômica do Processo Civil*. São Paulo: Foco. 2020. P.28.

5 DIAS, Jean Carlos; MACHADO, Rafael Bicca. Análise Econômica do Processo in *Direito e Economia no Brasil*. TIMM. Luciano Benetti (org). São Paulo: Atlas. 2014. P. 403.

6 TIMM. Luciano Benetti. *Artigos e Ensaios de Direito e Economia*. Rio de Janeiro: Lumen Juris. 2018. P.15

Trata-se, portanto, de uma proposta de reposicionamento dos estudos processuais contextualizados a partir de nossa experiência judiciária, procurando testar nossos institutos e, naturalmente, postular sua transformação quando evidente sua inaptidão para alcançar as finalidade pretendidas.

Nesta nova edição, portanto, procurou-se focar no desenvolvimento dos temas já propostos na primeira versão, adotando-se, porém, três novos eixos. O primeiro é a incorporação de uma visão comparativa entre a regulação legal atual e a revogada para permitir a análise a respeito da possível evolução dos institutos disciplinados[7]. O segundo eixo considera a possível evolução da jurisprudência dos tribunais superiores. O terceiro, por sua vez, é a inserção dos estudos mais recentes em AED ao texto original.

Além disso, ingressa como coautor o Prof. Bernardo Pereira, advogado e doutorando em Direito pela Universidade Federal do Pará – UFPA, que conduz expressiva pesquisa na área processual civil e integra o Grupo de Pesquisa CNPq em Análise Econômica do Direito vinculado ao PPGD – CESUPA.

A estrutura do livro também foi alterada. Na primeira edição, o primeiro capítulo fazia uma abordagem teórica e, em certo sentido, histórica, que se decidiu excluir do presente. Uma versão revisada desse capítulo foi incluída em obra específica do autor Jean Carlos Dias, "Teorias Contemporâneas do Direito e da Justiça", publicado pela Editora Juspodivm, e, atualmente em segunda edição. Remetemos, portanto ao leitor mais interessado nos aspectos de fundamentação da Análise Econômica do Direito para esse outro livro que permitirá uma investigação mais sistemática da Teoria do Direito atual.

Um novo capítulo foi inserido, mas os demais seguem a mesma estrutura: a apresentação do problema, a análise e argumentação com base nas ferramentas teóricas e uma breve conclusão que, pensamos, se propõe a manter abertos os problemas tratados.

De um modo geral consideramos, como se poderá verificar em cada um dos temas abordados, que o nosso Direito Processual precisa de um realinhamento teórico para ser capaz de oferecer respostas adequadas às demandas das sociedades massificadas e globalizadas contemporâneas.

7 Como apontam Fux e Bordart: "o máximo que reformas podem pretender é a diminuição do gap entre incentivos sociais e privados". FUX, Luiz; BODART, Bruno. *Processo Civil e Análise Econômica*. Rio de Janeiro: Forense, 2019, p. 37.

No Brasil a pesquisa a respeito da Análise Econômica do Processo Civil ainda é incipiente. A primeira edição da presente obra, até onde se tem notícia, foi o primeiro livro publicado sobre o tema e isso ocorreu apenas no ano de 2009. Diante do rápido esgotamento da primeira edição, criou-se uma lacuna a respeito do tema na bibliografia nacional que se espera suprir, ainda que parcialmente, com esta nova edição.

Fica, portanto, o convite ao leitor para refletir a respeito dos temas e da repercussão da Análise Econômica do Direito no plano do processo civil brasileiro.

Capítulo

1

AS TÉCNICAS DE DISSUASÃO (SANÇÕES ECONÔMICAS E PRISÃO) POR DESCUMPRIMENTO DE ORDEM JUDICIAL E A JURISPRUDÊNCIA DO SUPERIOR TRIBUNAL DE JUSTIÇA

1.1. APRESENTAÇÃO DO PROBLEMA

Algumas condutas, quando colocadas em prática, têm a capacidade de gerar consequências tão graves que não podem ser inteiramente revertidas.

Essa impossibilidade de reversão pode ser causada por um obstáculo físico-técnico, em que o estado anterior é inalcançável por razões que extrapolam a vontade do agente e mesmo das vítimas, ou, em outro sentido, podem ser inalcançáveis em razão de um impedimento de natureza econômica.

Diante da possibilidade de ocorrência desse tipo de dano, como se deve posicionar o Direito para evitar sua ocorrência? Essa pergunta, normalmente, tem sido respondida por meio do recurso à atividade jurisdicional.

Mais especificamente, ficam em evidência os recursos e meios processuais operáveis por meio da Jurisdição como meio de reforço dos direitos mediante técnicas agregadas de prevenção de lesões e de efetivação das decisões judiciais.

Tanto mais eficiente será a decisão judicial quanto o forem os meios de sua concretização pela geração de efeitos no plano da realidade, seja prevenindo a ocorrência de danos, seja promovendo sua reparação.

Isso deriva do fato de que, muitas vezes, os danos simplesmente não podem ser efetivamente reparados pela reconstituição plena ao estado anterior, é que ocorre, por exemplo, na grande maioria dos casos de risco ou dano a direitos difusos e coletivos em sentido estrito[8], a atividade judicial é resposta para evitar a ocorrência de lesão insuscetível de reparação adequada e integral.

Essa resposta, porém, é falaciosa se não considerarmos os meios técnicos que os juízes têm à sua disposição para coibir o comportamento lesivo e, tanto quanto isso, como a interpretação e aplicação de certos primados pode orientar a uma leitura restritiva da atuação do Poder Judiciário.

O debate a respeito dessa questão está orientado para a análise da crença de que as sanções centradas em imposições patrimoniais não são suficientes para desestimular a prática dos ilícitos, sobretudo perante grandes e recorrentes produtores de danos.

Pretendemos examinar especificamente, no presente ensaio, se a prisão civil por desatendimento de ordem judicial inibitória pode ser considerada como um meio válido de impedir a ação lesiva e, naturalmente, as questões correlatas a respeito bem como se as atuais técnicas executivas atípicas podem ser uma alternativa válida na persecução do cumprimento das ordens judiciais.

1.2. A TÉCNICA DA DISSUASÃO – *DETERRENCE*.

A técnica da dissuasão, muito presente na literatura especializada estrangeira, supõe que é possível, mediante o adequado cálculo de causalidade, impedir a ocorrência de certos ilícitos.

Essa suposição, por sua vez, está orientada para a atividade judicial como meio de impor uma mudança de comportamento por parte dos agentes, de modo a preservar estruturalmente os direitos que estão sob risco de violação.

---

8 Ver a respeito o ensaio de Hermes Zanetti Junior intitulado "Direitos Coletivos lato sensu: a definição conceitual dos direitos difusos, dos direitos coletivos stricto sensu e dos direitos individuais homogêneos" na obra coletiva: AMARAL, Guilherme Rizzo; CARPENA, Marcio Louzada (org.). *Visões Crítica do Processo Civil Brasileiro.* Porto Alegre: Livraria do Advogado, 2005, p.227.

Ao exercer essa atividade, o juízo deve agir de modo a conceber em cada situação concreta um efeito econômico que constitua um incentivo capaz de levar à correção da conduta lesiva.

Tais estudos mantêm seu foco em obter o modelo perfeito de sanção de modo a desestimular a prática do ilícito. Regra geral, esses estudos sugerem que a devida sanção econômica é capaz de chegar ao resultado pretendido, dado que os agentes reagem racionalmente aos incentivos, fundamento teórico que a Análise Econômica do Direito assume como fundamental na investigação do comportamento esperado dos agentes processuais.

Naturalmente, as ações coletivas apresentam-se como ambiente privilegiado para veicular a adoção desses veículos, em função da agregação de sujeitos que, por sua vez, tende a equalizar todos os demandantes em um mesmo patamar de regulação. O termo "coletivo" deve, no presente caso, ser entendido de forma elástica, isto é, como abrangendo qualquer processo hábil a regular relações jurídicas transindividuais, aí incluídos os procedimentos originalmente individuais, mas que tem efeito transcendente, como os relacionados à produção de precedentes no atual sistema legal.

Numa perspectiva mais ampla, os meios de dissuasão são plenamente mais eficientes que as técnicas de compensação das vítimas, isso, evidentemente, pela aptidão de impedir a ocorrência do dano.

Nesse sentido, Craig Jones aponta que: "*If we reach the conclusion that, between accurate compensation and accurate deterrence, is overall, to be preferred in part because only it properly 'compensates', but also because it fulfills the goal of reduction of overall accident costs*"[9].

Do ponto de vista social, é mais importante garantir que os danos não ocorram do que buscar uma regra de compensação *pos-factum*. Isso é intuitivamente perceptível quando se tem em vista as demandas coletivas envolvendo direitos fundamentais.

Nesse tipo de demanda, a compensação raramente tem o efeito real de reversão ao status anterior à lesão e, muitas das vezes, as indenizações obtidas são realmente inadequadas para efetivamente reparar os danos experimentados pelas vítimas e pela sociedade.

Daí a tendência de evitar a lesão apresentar-se como o caminho lógico mais acertado. Essa é a razão pela qual crescem no Brasil os estudos processuais no sentido de reconhecer a inibição do comportamento lesivo

9 JONES, Craig. *Theory of Class Actions*. Toronto: Iwin Law, 2003, p.45.

como a forma mais apropriada, em última instância, de garantir o respeito aos direitos difusos e coletivos.

No que diz respeito, por exemplo, às demandas ambientais, já analisou-se que: "os princípios prudenciais da prevenção e da precaução determinam liminarmente uma atuação judicial preventiva, que inviabiliza a aplicação da regulação clássica da distribuição dos ônus probatórios tal como consagrados na legislação processual brasileira"[10].

Isso significa, teórica e praticamente, uma evolução no que diz respeito à formatação e aplicação das técnicas processuais, tendo em vista a natureza dos direitos às tutelas o que, sem dúvida, é uma tendência do processo civil contemporâneo.

Nesse sentido, quando se tem em vista a possibilidade de uma lesão, a técnica mais adequada para proteger os direitos das vítimas em potencial é buscar um modelo de dissuasão realmente eficiente.

Um tal modelo deve estar estruturado de modo a assimilar as motivações de comportamento ativo do agente, mesmo quando sua conduta possa ser considerada meramente culposa.

Exatamente em função do modelo adotado, a forma de desestímulo pode ser traduzida em sanções pecuniárias ou não-pecuniárias, dependendo do grau de eficiência necessário, considerando o ambiente jurídico em que essas demandas estão inseridas.

Via de regra, no sistema processual brasileiro, há prevalência de sanções meramente pecuniárias, o que supõe que o desestímulo econômico é suficiente e adequado para pautar a conduta dos agentes potenciais.

Isso porque se supõe que o produtor de danos se comporta como um investidor em que a prática de lesão pode levar ao lucro e que, portanto, deve ser mantida em função de uma conduta baseada nas expectativas de resultado.

Estabelecer qual é a medida que inverte a expectativa de lucro é trabalho a ser desenvolvido pelo magistrado nas ações judiciais, de modo a obter um comportamento que se compatibilize com a conduta legalmente prevista.

O cálculo do desestímulo, porém, somente é realmente eficaz quando a técnica de dissuasão aplicada é capaz de levar ao resultado esperado: a

10 DIAS, Jean Carlos. As cadeias prometéicas: ainda o ônus da prova nas ações ambientais. *Revista de Processo*, n. 153.

redução das expectativas econômicas de modo a eliminar o benefício esperado pelo agente.

No caso específico da dissuasão baseada em repercussões patrimoniais, a eficiência é medida direta da aptidão do processo judicial para realmente alcançar os bens do causador do dano e, tanto quanto isso, a correta percepção judicial a respeito dessa exigência.

Esses dois elementos fornecem a chave para a compreensão da magnitude que deve ser dada às sanções pecuniárias e se é coerente a busca por sanções alternativas.

Examinaremos esses dois pontos em tópicos distintos em seguida, tanto sob a perceptiva da legislação revogada, como também, sob o atual regime legal.

1.3. A APTIDÃO DO PROCESSO JUDICIAL PARA ALCANÇAR O EFEITO ECONÔMICO DISSUASÓRIO

Argumentou-se antes que a eficiência das técnicas de dissuasão é dependente da qualidade da regulação processual no que diz respeito à possibilidade de efetivamente abranger a integralidade do patrimônio do agente.

Quando o direito processual apresenta os meios necessários para fazer valer a sanção econômica aplicada aos casos de lesões potenciais, o agente tenderá a considerá-la como uma probabilidade consistente no planejamento de suas ações.

Em sentido contrário, a inexistência ou fragilidade desses meios levará ao estímulo do comportamento lesivo.

No caso brasileiro, notadamente no caso das tutelas inibitórias, objeto deste ensaio, existe um arcabouço processualmente adequado para alcançar esse fim?

a) O cenário do Código de Processo Civil de 1973.

No Código de Processo Civil de 1973, a regulação da tutela específica da obrigação de não fazer, expressa no art. 461 oferecia aos magistrados uma série de medidas de apoio, que se enquadravam no conceito de *deterrence.*

Notadamente o arbitramento de multa pelo descumprimento do mandado parecia ser uma representação bastante fiel da busca pela dissuasão da prática do comportamento vedado.

Essa aparência, contudo, era e continua sendo superficial.

A cominação da multa somente assume o verdadeiro efeito inibidor na medida em que, verificando a forma de sua exigência, chegarmos à conclusão de que ela representa um risco real para o agente em potencial.

Embora a legislação tenha oferecido ao juiz o grau de liberdade para a fixação da magnitude da sanção em função das peculiaridades do caso concreto, o sistema de exigência dessa pena ainda não estava suficientemente claro.

Havia uma corrente doutrinária, como aponta Arenhart[11], para quem essas parcelas, embora tivessem natureza jurídica autônoma (aliás, por expressa disposição legal, art. 461, §2º, CPC-1973), estariam sujeitas ao mesmo regime de exigências das obrigações de pagamento reconhecidas em títulos judiciais ainda não transitados em julgado, isto é, pela aplicação do cumprimento provisório.[12]

A alternativa a essa compreensão, criticada pelo autor, era o reconhecimento da mandamentalidade dessas decisões sancionatórias e, portanto, a possibilidade de exigência fora dos padrões executivos.

A essa discussão doutrinária somava-se outra, relacionada ao momento da eficácia da exigência da multa.

Para Marinoni[13], apoiado inclusive em parcela da doutrina estrangeira, a multa somente seria plenamente eficaz no momento do trânsito em julgado. Desse modo, a multa, mesmo sendo autônoma, ficaria diferida para momento futuro.

Refutando essa opinião, Garcia Medina[14] aponta que a multa se tornaria exigível a partir do momento do descumprimento da ordem proferida pelo juiz por parte do destinatário.

Como se observa, por esse rápido panorama, os entendimentos variavam em dois pontos cruciais: a exigência de pagamento da multa e seu meio.

11 ARENHART, Sérgio. *Perfis da Tutela Inibitória Coletiva*. São Paulo: Editora Revista dos Tribunais, 2003, p. 378.

12 Nesse sentido TALAMINI, Eduardo. *Tutela Relativa aos deveres de fazer e não fazer*. São Paulo: Revista dos Tribunais, 2003, p. 262.

13 MARINONI, Luis Guilherme. *Tutela Inibitória*. São Paulo: Revista dos Tribunais, 2003, p. 208.

14 Execução Civil. São Paulo: Revista dos Tribunais, 2002, p. 326.

b) No atual sistema processual – Código de Processo Civil de 2015.

O atual texto legal acabou por normatizar os dois aspectos que eram dúvidas doutrinárias, procurando estabelecer um parâmetro processual definitivo sobre os dois problemas.

Tanto quanto isso, o texto procurou adotar um método que atende aos interesses de reverter as expectativas do destinatário da ordem judicial.

Não por acaso, o art, 537, §3º, trata, exatamente, dos dois aspectos que foram apontadas na seção anterior. Quanto ao meio, foi de fato assumido o rito do cumprimento das decisões judiciais, sendo, assim, recusado o seu aspecto essencialmente mandamental. O crédito, nesse aspecto, foi assemelhado a qualquer outra obrigação de pagar representada por título judicial.

De outro lado, a exigência de pagamento foi definida de modo a atender a possível reversão de expectativas por parte do destinatário quanto à inexistência de perdas pelo desatendimento da determinação judicial.

No modelo atual a multa pode ser exigida de imediato, gerando um depósito judicial, isto é, uma perda imediata de patrimônio em desfavor do desobediente, mas sem, com isso, gerar um ganho imediato ao exequente que somente poderá levantar o valor das sanções quanto a decisão de mérito tornar-se definitiva pelo trânsito em julgado.

c) O novo modelo é mais efetivo sob o ponto de vista da Análise Econômica do Direito?

Para que a multa tenha o verdadeiro efeito inibidor, não há dúvida a respeito, ela deve ser exigida de imediato e mediante um procedimento específico capaz de levar a esse pagamento.

Somente quando isso ocorre é que se pode verdadeiramente observar o efeito dissuasório. Transferir a exigência para o futuro, ou seja, após o trânsito julgado, significa apenas dotar o agente potencialmente causador do dano de mais um dado na equação econômica que dá suporte à sua conduta.

Ao contrário do que supõem alguns autores, a transferência para o futuro importa em imediato enfraquecimento do comando judicial e, por isso, à evidente perda da coação da vontade, que justifica a concessão da medida.

Analiticamente, o debate doutrinário deve ser resolvido em prol da melhor solução dissuasória, que é certamente a que impõe um risco imediato pelo desatendimento do comando judicial.

Analisando a respeito da equação econômica de imposição de sanções, Shavell aponta que: "*A multitude of observations from everyday life suggests that individuals are discouraged from all manner of undesirable behavior when the likelihood and magnitude of sanction is sufficiently high*"[15].

Ora, diante de uma sanção que não tem qualquer efeito imediato, a conduta estratégica dos produtores de dano se resume à administração da sua conduta de modo a possibilitar que os ilícitos causados sejam capazes de atender ao pagamento da multa futura, em outras palavras, o efeito inibidor deixa de existir.

Já demonstrou-se que, em ambientes não-cooperativos, como o estabelecido em juízo para a solução de conflitos coletivos, a solução estratégica, sendo racional o agente, somente leva ao efeito pretendido quando a sanção econômica representa uma imposição imediata e suficientemente relevante para orientar sua conduta.[16]

Em um plano mais amplo, diante da incerteza da multa, a regra geral é que, se a conduta ilícita for imediatamente vantajosa, ela será praticada pelo agente, o que, sem dúvida nenhuma inverte a própria concepção da pena pecuniária como sanção inibidora contra o comportamento indesejado.

No atual sistema, o depósito é suficiente para garantir a dissuasão necessária ao descumpridor da ordem judicial? Conquanto a legislação preveja, no caso de cominação, um desencaixe efetivo por parte da parte renitente, ao que tudo indica a possibilidade de reversão terá impacto sobre a decisão de atender ao comando judicial.

A nova legislação, na prática, obrigou as partes a uma análise mais refinada de risco, mas não há porque acreditar que teremos um aumento da taxa de obediência das ordens judiciais reforçadas por sanções pecuniárias.

Isso porque a nova equação pressupõe a pergunta estatística relacionada à taxa de sucesso. Se houver uma taxa consideravelmente alta de sucesso na demanda, no julgamento final, pode-se afirmar que o depósito não será suficiente para desestimular a conduta desobediente.

15 SHAVELL, Steven. *Foundations of Economic Analysis of Law*. Cambridge: Belkanap Harvad Press, 2004, p. 504.

16 DIAS, Jean Carlos. Políticas Públicas e questão ambiental. *Revista de Direito Ambiental*. n. 31, jul./set. 2003, p. 117.

Primeiro, porque o agente verá o depósito como um investimento lucrativo diante do custo do possível cumprimento da decisão judicial. Trata-se, assim, de uma aposta baseada numa possibilidade de perda.

Kahneman demonstrou, contudo, que, muitas vezes, a gestão de risco pode ser atingida por avaliações não racionais, ao perceber em seus estudos de psicologia e economia comportamental que "as pessoas se tornam favoráveis ao risco quando todas as opções são ruins"[17].

Isso quer dizer que, embora haja o risco efetivo de perda do depósito, agentes poderão se sentir tentados a apostar que vencerão a ação, mesmo quando não tenham muito bem definidas as suas reais chances de êxito.

Escolher entre o cumprimento desvantajoso e o depósito pode ser um convite ao exercício de uma aposta, que, como vimos sendo igualmente adversas pode, por uma falha de racionalidade, levar ao desatendimento da ordem judicial.

Nesse sentido o atual Código estabeleceu parâmetros que não podem ser considerados como indutores ao acolhimento das decisões judiciais, o que realmente é esperado de medidas dissuasórias.

O segundo motivo que pode pender a decisão do agente em direção ao depósito e à recusa à ordem judicial é o fato de que os depósitos judiciais tendem a ter taxas de remuneração superiores aos produtos financeiros básicos, e, portanto, atrativas em cenários de taxas decrescentes.

Embora recentemente o Superior Tribunal de Justiça[18] tenha fixado para padrão mínimo o rendimento integral da poupança para os depósitos da sua competência, muitos estados tem regras diferentes, com taxas superiores, o que, conforme o caso, pode levar a uma decisão baseada na ideia de uma remuneração vantajosa do depósito, o que tenderia a apoiar o descumprimento.

A norma, portanto, ao buscar uma articulação entres os dois objetivos, em realidade, reduziu o efeito dissuasório que poderia ser obtido em sua carga máxima caso o tratamento fosse de autonomia integral da sanção desvinculando-a do resultado final de demanda.

17 KANEHMAN, Daniel. *Rápido e Devagar Duas Formas de Pensar*. São Paulo: Objetiva. 2012, p. 348.

18 RESOLUÇÃO STJ/GP N. 9 DE 27 DE AGOSTO DE 2018. Art. 7º.

1.4. A CORRETA PERCEPÇÃO JUDICIAL A RESPEITO DA EXIGÊNCIA DE PAGAMENTO DA MULTA

Argumentou-se, na seção anterior, que o sistema dissuasório, para ser eficiente depende de que as obrigações impostas pelo Juízo sejam exigíveis de imediato e na magnitude capaz de levar ao desestímulo da conduta temida.

Para argumentar em favor de uma revisão dos aspectos relacionados ao cálculo de probabilidades nos casos de descumprimento apresentar-se-á com experimento o caso de danos potenciais a direitos fundamentais.

A lesão nas ações coletivas produz dois tipos de danos. O dano direto é experimentado pela universalidade de indivíduos potencialmente vitimados. Ao lado desse tipo de dano há um outro, representado pelo dano social correspondente aos custos que a sociedade, como um todo, passa a assumir para a prevenção daquele dano direto[19].

Apenas para exemplificar, quando uma empresa de planos de saúde deixa de atender seus clientes, estes são diretamente prejudicados, mas além deles há um custo social representado pelo aumento de exigências do público em relação às demais empresas do mesmo setor, um aumento de gastos com supervisão e fiscalização, uma retração do mercado, enfim, o efeito sistêmico é mais amplo que a soma das lesões sofridas individualmente.

Isso é importantíssimo no que diz respeito ao tema sob análise. Quando uma sanção econômica é imposta, sua finalidade é tanto reparar o dano direto quanto o dano indireto.

Desse modo, a pena aplicada em juízo pelo desatendimento de uma ordem judicial inibidora de uma conduta lesiva com efeitos coletivos deve ser capaz de proteger eficazmente os direitos em risco, mas também funcionar com efeito pedagógico em relação ao dano indireto e com isso prevenir os custos sociais correspondentes.

Quando se tem essa dualidade de efeitos em perspectiva, a atividade judicial de fixação da multa e sua exigência ganha relevância ao ponto em que sustenta uma dissuasão direcionada a dois âmbitos relacionados, mas de amplitude diversa.

A multa aplicada como consequência do desatendimento de ordem judicial inibitória tem por primeiro efeito a tutela imediata dos direitos sustentados pelos autores na ação coletiva, de modo a impedir a consuma-

19 COOTER, Robert; ULLEN, Thomas. *Derecho Y Economia*. Mexico: Fondo de Cultura. 1999. p. 565.

ção do dano, que por sua natureza sugere um difícil ou impossível retorno ao *status quo* anterior.

Ao lado dessa finalidade mais imediata, porém, há uma imposição cuja finalidade é prevenir a recorrência das mesmas lesões temidas por terceiros, estranhos ao processo. Tais danos tem destinatários indeterminados, mas com grande repercussão, quando tomado como um dado regulatório,

Esse efeito pedagógico é fundamental e não pode ser desconsiderado uma vez que repercute para além dos limites da demanda, criando, na verdade novas expectativas normativas. Para desenvolver o argumento, utilizar-se-á um exemplo que frequenta a nossa jurisprudência.

Uma empresa de telefonia ameaçou lançar, por não pagamento de valores indevidos, um grupo de seus clientes em cadastros de inadimplentes. Diante do risco de lesão, foi interposta uma ação coletiva com pretensão inibitória.

Esse caso sugere que o juiz, ao receber a demanda e fixar a multa, deve ter em vista que: a) a multa precisa ser capaz de evitar o dano concreto ao crédito e honra das pessoas agregadas na ação coletiva, e também, b) que essa sanção deve ser capaz de desestimular novas ameaças da mesma empresa em relação a outros grupos e também deve ter o efeito pedagógico em relação a outras empresas do mesmo ramo em relação a seus clientes.

Quando uma sanção excessivamente baixa é imposta, o efeito dissuasório se perde, como observamos na seção anterior; logo, há o estímulo à lesão concreta. Se a exigência do pagamento das parcelas indevidas pelo meio indireto da restrição cadastral for lucrativa, isto é, puder gerar excedente relevante após o pagamento da multa, pode-se afirmar que, racionalmente, a ordem judicial será desatendida e a lesão temida ocorrerá.

Tanto quanto isso, as demais empresas da mesma área de atuação interpretarão a decisão como uma autorização para a prática do ilícito, o que gerará os efeitos indiretos, com evidente custo social.

Esse panorama tem sido muitas vezes ignorado por nossos tribunais, fazendo com que as lesões se multipliquem e concorram para a multiplicação de demandas idênticas. Deste modo, os próprios tribunais são causadores do aumento do volume dessas ações.

A magnitude ótima da sanção tem sido estudada utilizando-se técnicas econômicas, porém, pode-se afirmar, de modo geral, que quanto mais altas as sanções e mais certa a sua exigência imediata, menor é o risco de repetição do comportamento ilícito por parte do agente e, por via de resultado, das ações tendo por base as mesmas circunstâncias.

Os atuais estudos do Direito já nos levam à conclusão de que as multas não podem ser entendidas, estritamente, como parcelas indenizatórias, mas têm um caráter autônomo que as justifica como meio de tutela de direitos, dignificação da autoridade judiciária e mesmo como meio de combate aos custos sociais marginais.

Ciente da possível necessidade de alteração dos valores cominados, o legislador estipulou no art. 537 do atual CPC, que a multa deve ser suficiente e compatível com a obrigação determinada, e que pode ser cominada e alterada, de ofício ou a requerimento da parte, caso tenha se tornado insuficiente ou excessiva (§1º, I).

Nota-se, portanto, que a aplicação da multa é excelente estímulo para o cumprimento de obrigações, especialmente aquelas de fazer, não fazer e entregar coisa (art. 538,§3º), caso manejada de forma racional.

1.5. OS MEIOS ECONÔMICOS DE DISSUASÃO DA JURISPRUDÊNCIA DO SUPERIOR TRIBUNAL DE JUSTIÇA

No curso do presente ensaio, demonstrou-se que as multas pecuniárias podem, se perfeitamente entendidas e aplicadas, se constituir em um poderoso instrumento de inibição de comportamento lesivo nas lesões a direitos coletivos.

Parece, porém, importante investigar como a jurisprudência do Superior Tribunal de Justiça tem enfrentado tais questões, sobretudo tendo em vista que a orientação do STJ acaba por induzir o posicionamento dos juízos monocráticos por todo o país e, ao lado da doutrina, tem sido especialmente relevante no reforço ou abandono de algumas teses relevantes que tem a efetividade e dignidade da Jurisdição como pano de fundo.

As sanções econômicas aparecem na jurisprudência do STJ sob diversas roupagens, não havendo tratamento sistemático por parte do Tribunal que torne possível a suposição de que há uma regra de decisão a respeito.

É possível, porém, analisando alguns casos, observar como as decisões desconhecem o efeito dissuasório na aplicação das sanções econômicas, quer em demandas coletivas, quer em ações individuais.

No caso específico da cominação de multa por descumprimento de ordem judicial em tutela específica de cunho coletivo, o Superior Tribunal de Justiça já decidiu de modo a minimizar o valor econômico arbitrado. No REsp 50829 / RJ [20] cuja matéria dizia respeito á exposição de material impróprio a crianças e adolescentes, o Tribunal levou em consideração a capacidade de pagamento do ofensor como fundamento para reduzir a multa diária progressiva. Diz o acórdão que: "o progressivo aumento do valor estipulado pelo acórdão recorrido, tornou à empresa insuportável o seu adimplemento, motivo pelo qual, sopesadas as circunstâncias e aplicando o direito à espécie, a sanção diária foi reduzida à quantia de 05 (cinco) salários de referência."

Essa decisão, sem dúvida, monetizou a lesão e facultou aos possíveis interessados em praticá-la uma expectativa de lucro bastante precisa em função do valor arbitrado pelo STJ ser claramente incapaz de induzir à alteração da conduta lesiva.

Por outro lado, a decisão em nenhum momento considerou comparativamente os custos do cumprimento da decisão. Será que o valor evolutivo reprimido era inferior ao que a empresa despenderia para atender a ordem que lhe foi dada? Embora essa informação seja essencial ela não foi considerada.

Em outra modalidade de sanção econômica, que é a condenação por dano moral, que não pode ser considerada puramente reparatória, o Superior Tribunal de Justiça tem se posicionado de forma clara e inequívoca pela busca da aplicação do princípio da proporcionalidade de modo a se aferir a sanção realmente adequada.

Nesse sentido, o Ministro Sidnei Benetti apontou que:

> Como é sabido, a indenização por danos morais tem como objetivo compensar a dor causada à vítima e desestimular o ofensor a cometer novos atos da mesma natureza. Não é razoável o arbitramento que importe em uma indenização irrisória, de pouco significado para o ofendido, nem uma indenização excessiva, de gravame demasiado ao ofensor[21].

Ocorre que a busca por esse parâmetro ideal tem, em muitas situações, levado em consideração não o caráter dissuasório que se encontra no núcleo desse tipo de condenação e sim a diretriz de evitar que a imposição judicial acabe por gerar à parte lesada um suposto enriquecimento sem causa.

20 DJ 08.08.2005, p. 210/ LEXSTJ. vol. 193, p. 16.

21 REsp 954647 / SP (RECURSO ESPECIAL 2007/0118382-3) DJ 23.05.2008, p. 1.

Essa tendência aparece, inclusive, como um requisito para a validação da razoabilidade na fixação do *quantum* devido:

> Fixado o valor da indenização pela indevida inscrição do nome do autor em cadastro negativo de crédito, em patamar razoável, sem provocar enriquecimento sem causa da parte moralmente lesada, improcede a pretensão da ré de discutir o tema em sede especial, não se justificando a excepcional intervenção do STJ a respeito[22].

Esse método, porém, na prática, gerou uma revisão geral das indenizações para baixo, sendo raros os casos de majoração de indenizações em grau de recurso especial.

O efeito da adoção majoritária dessa tendência jurisprudencial é que os grandes litigantes continuaram a praticar as condutas lesivas às vítimas, uma vez que não houve estímulo econômico suficiente para qualquer modificação.

Como as lesões continuaram a acontecer, novas ações, com o mesmo fundamento, são interpostas todos os dias (embora representando apenas uma insignificante parcela das vítimas que, por deterem a informação ou meios econômicos necessários, acabam por buscar a tutela jurisdicional).

Uma parte importante dessas causas poderia ser eliminada caso a dissuasão fosse aplicada adequada e coerentemente com o sistema jurídico que se busca tutelar, levando os ofensores a evitar a recorrência dos fatos que dão ensejo a essas causas.

De um modo geral, portanto, a jurisprudência do Superior Tribunal de Justiça tem sido conservadora do ponto de vista do uso das sanções econômicas como técnica de dissuasão das condutas lesivas.

Mesmo numa pesquisa mais recente não parece haver qualquer indicio de que esses aspectos estejam sendo, especialmente, revistos pela Corte. Tanto, assim, que a maioria dos julgados recentes a respeito de majoração de danos morais tende a ser preliminarmente rejeitado sob a alegação da incidência da Sumula n.7.

22 AgRg no Ag 845.394/SP, Rel. Ministro Massami Uyeda, QUARTA TURMA, julgado em 26.02.2008, DJ 17.03.2008, p. 1.

De outro lado está bastante assentada a jurisprudência do Tribunal[23] em só admitir recursos com esses temas quando a condenação for irrisória ou exorbitante, mas nunca levando em consideração os custos sociais.

O retrato se torna interessante quando se tem em vista que, exatamente pela suposição de adequados meios de efetivação das tutelas inibitórias é que o mesmo Tribunal entende pela impossibilidade de configuração da hipótese de incidência dos danos punitivos.

Nesse sentido, o Ministro Marco Aurelio Belizze aponta:

> O sistema brasileiro de responsabilidade civil não admite o reconhecimento de danos punitivos, de modo que a adoção de medidas inibitórias eficazes para prevenir a concretização de dano material (...) afasta a pretensão de correspondente reparação civil[24].

Isso significa dizer que nosso sistema não contempla nenhuma forma de condenação pelos custos sociais gerados, uma vez que, como apontado antes as próprias medidas de reforço das tutelas inibitórias não tem o devido caráter dissuasório.

1.6. OS MEIOS NÃO-ECONÔMICOS DE SANÇÃO, AS TUTELAS EXECUTIVAS ATÍPICAS. O CASO DA PRISÃO, NA JURISPRUDÊNCIA DO SUPERIOR TRIBUNAL DE JUSTIÇA

Uma importante inovação do Código de Processo Civil foi a regulação, bastante sintética, dos meios executivos atípicos e os estudos doutrinários daí advindos que, inclusive, estão em franca expansão.

O atual diploma estabelece no inciso IV do art. 139, que trata dos poderes do magistrado na direção do processo, a incumbência de "determinar todas as medidas indutivas, coercitivas, mandamentais ou sub-rogatórias necessárias para assegurar o cumprimento de ordem judicial, inclusive nas ações que tenham por objeto prestação pecuniária".

Esse dispositivo serviu de base para que a pesquisa a respeito de meios inespecíficos de execução fosse desencadeada. A conclusão da maioria dos

23 Por todos AgInt no AREsp 1477434/RS, Rel. Ministro RICARDO VILLAS BÔAS CUEVA, TERCEIRA TURMA, julgado em 21/10/2019, DJe 24/10/2019.

24 REsp 1315479/SP, Rel. Ministro MARCO AURÉLIO BELLIZZE, TERCEIRA TURMA, julgado em 14/03/2017, DJe 21/03/2017.

estudos é que de fato a norma autoriza um conjunto de medidas não previstas expressamente, que, no entanto, podem ser desenvolvidas e aplicadas de modo a obter a efetivação das obrigações determinadas judicialmente.

Ainda que o tema ainda esteja em desenvolvimento parece haver consenso que os métodos atípicos podem ser adotados quando os meios legalmente previstos não forem efetivos ou se tenha motivo claro para crer que não serão. Ao lado desse requisito é necessária também a devida proporcionalidade e razoabilidade, a fim de evitar que os direitos constitucionais dos sujeitos processuais sejam abalados.

Sendo meio executivo, a adoção desses meios atípicos não pode ser entendida como aplicação de sanção, de maneira que seu aspecto essencial é induzir ao cumprimento voluntário da decisão judicial em razão das medidas aplicadas.

A implementação de tais métodos, portanto, não induz a exoneração das obrigações determinadas, pois se constituem meios para influenciar a vontade, ou seja técnicas de execução indireta.

O Superior Tribunal de Justiça tem admitido, em abstrato, a possibilidade de emprego de métodos atípicos de execução sob abrigo do dispositivo em comento, porém, com uma abordagem bastante cautelosa.

Tanto é assim que a 4ª Turma do Superior Tribunal de Justiça no RHC 97.876-SP (rel. Min. Luís Felipe Salomão, de 05.06.2018), considerou desproporcional a suspensão do passaporte de devedor, determinada nos autos de ação de execução baseada em título extrajudicial, como medida coercitiva ao pagamento de dívida. O Min. Salomão entendeu que a retenção do passaporte é, em tese, possível, contudo deve ser fundamentada e analisada concretamente, a fim de ser razoável.

Por sua vez, a 3ª Turma do STJ, no RHC 99.606 (rel. Min. Nancy Andrighi, de 13.11.2018), decidiu que é possível o bloqueio de passaporte, quando o devedor não indica meios para quitar sua dívida. A Ministra Andrighi apontou que os princípios da atipicidade dos meios executivos e da prevalência do cumprimento voluntário, mesmo que não espontâneo, autorizam o juiz a adotar meios de execução indireta. Ademais, o devedor não apontou meio menos oneroso, nem mais eficiente, desrespeitando os postulador da boa fé processual (art. 5º) e cooperação (art. 6º).

Já no HC 478.963 (rel. Min. Francisco Falcão, de 20.04.2019), a 2ª Turma do Superior Tribunal de Justiça manteve a apreensão de passaportes, determinada pelo TJRS, como forma de coagir Ronaldinho Gaúcho e seu irmão a pagar multa e indenização fixadas em um processo por dano ambiental. A fundamentação também orbitou os princípios da boa-fé objetiva e cooperação.

Mais recentemente, a 3ª Turma do STJ, no Recurso Especial n. 1.864.190 - SP de relatoria da Min. Nancy Andrighi, em 16.06.2020, reafirmou entendimento de que são cabíveis os meios executivos atípicos, mas estes devem ser adequados, necessários e razoáveis, bem como devidamente fundamentados nas particularidades do caso concreto. Não apenas isto: devem ser tomados após o esgotamento dos mecanismos processuais executivos típicos.

Os casos mais comuns de medidas executivas atípicas referem-se a restrições de direitos, como de dirigir automóveis pela retenção de carteira de habilitação, ou de viagens internacionais pela apreensão de passaporte ou, ainda, de contração de crédito no caso de apreensão de cartões. Todavia, há situações distintas, e mais severas, tais como corte de energia elétrica de órgão público, impedimento na realização de shows por parte do executado, proibição de uso de área de lazer por parte do condômino inadimplente, e até mesmo bloqueio de aplicativos de comunicação/redes sociais.

Em todos esses casos, o que está em jogo é a busca por influenciar a decisão do devedor impondo-lhe ônus que o estimulem a recalcular seus ganhos com o descumprimento da decisão judicial.

No entanto, é importante refletir nesta seção, também, em uma direção diferente, qual seja na possibilidade da pena de prisão como resultado do desatendimento da ordem judicial, em especial, as inibitórias.

Os autores processualistas tratam do tema. Em função do texto constitucional que veda a prisão civil genericamente, excetuados os casos de inadimplemento de pensão alimentícia, existem argumentos que sustentam e refutam essa sanção no âmbito do processo civil.

O Superior Tribunal de Justiça já teve a oportunidade de se manifestar sobre o tema[25] em Medida Cautelar recebida como Habeas Corpus em que foi mapeado o posicionamento da Corte sobre essa matéria.

No entendimento da jurisprudência dominante no Tribunal, a impossibilidade da prisão por descumprimento da ordem judicial advém da incompetência absoluta do juízo civil para promover essa sanção, pois a prisão nesse caso teria que ter a natureza penal, já que, em tese, estaria

25 MEDIDA CAUTELAR Nº 11.804 - RJ (2006/0157923-3) MINISTRO HAMILTON CARVALHIDO.

extrapolada a previsão constitucional para a prisão civil. Tal entendimento continua atual, e sendo aplicado não apenas pelo STJ, como também por outros tribunais de 2º grau.

O argumento é formal e frágil.

No exercício de suas atribuições, por expressa disposição legal, conforme o atual texto, o juiz, no exercício da jurisdição civil, poderá tomar todas as medidas necessárias para garantir o adimplemento da obrigação. É o sentido do art. 139, IV, do atual Código de Processo Civil.

No âmbito puramente formal e legal não há impedimento, uma vez que a ameaça de prisão pode ser a única forma de coagir a vontade do agente a atender a ordem judicial e mesmo representar a única forma de afastar a ocorrência da lesão coletiva e, com isso, representa o resultado equivalente tratado na norma.

De outro lado, como apontam Marinoni[26] e Arenhart[27], o afastamento *tout court* da prisão civil importa no afastamento de um meio objetivo de tutela de direitos violado, que, em última instância, está no cerne da própria prestação jurisdicional.

Pretende-se, porém, acrescentar algumas reflexões sobre o tema.

A pena de prisão, segundo os mais contemporâneos estudos, tem sido reservada para uma aplicação residual e quase sempre como resultado de uma conduta lesiva renitente.

De modo geral, as sanções não-monetárias tem sido consideradas excepcionais e supletivas. Shavell aponta que "*Nonmonetary sanctions should be used only as a suplement to maximal monetary sanctions. It was just explained that nonmonetary sanctions are needed to deter when monetary sanctions would not be adequate for that task*"[28].

Nesse sentido, sendo dada a devida atenção à posição que sustenta a possibilidade de prisão, esta deverá sempre ser resultado de um desatendimento direto e culpável das multas aplicáveis e nunca como primeiro meio de ação.

Do ponto de vista da análise econômica, a taxa delitual é tida como uma variável dependente da certeza e gravidade do castigo. Conquanto o

26 Obra citada, p. 234.
27 Obra citada, p. 397.
28 Obra citada, p. 510.

debate público esteja modulado pelo questionamento quanto à intensidade dessa relação, o fato é que a pena de prisão é considerada como um importante meio dissuasório, como apontam Cooter & Ulen.[29]

A pena de prisão decorrente do *civil contempt* é um instrumento que reforça o ordenamento jurídico e, mais que isso, a autoridade judicial, com inegável efeito positivo do ponto de vista da prevenção da lesão coletiva.

Quando a busca está estruturada em função da efetividade da jurisdição, que é o primado teórico deste século, nenhum meio de obtê-la deve ser desconsiderado *a priori*.

Vale dizer que, em muitos casos, os ofensores se respaldam na inexistência de patrimônio pessoal como forma de invalidar a ordem judicial sustentada exclusivamente em sanções econômicas.

Ainda que propondo delimitações para a incidência dessa modalidade de meio executivo atípico, Didier aponta:

> Dessa forma, nada obstante o legislador tenha, aprioristicamente, privilegiado a liberdade individual, entendemos que é possível afastá-la quando, no caso concreto, ela se mostrar em rota de colisão com outro direito fundamental. A possibilidade de ponderação de interesses é expressa no caso do devedor de alimentos, mas também deve ser admitida, como decorrência da própria aplicação da teoria dos direitos fundamentais, em outras hipóteses não expressamente previstas. Daí a nossa conclusão de que, excepcionalmente, é possível a utilização da prisão civil como medida coercitiva atípica. Essa opção não representa, em absoluto, desprezo à liberdade individual. Apenas significa dizer que a liberdade individual não é (e não pode ser) um valor absoluto, de modo que ela deve, sim, ser protegida, mas pode também ser restringida nos casos em que a prisão civil se mostrar como único meio idôneo, necessário e razoável à realização de outros direitos fundamentais.[30]

Logo, não se pode à guisa de assegurar a liberdade desprestigiar outros direitos fundamentais sem, na prática, impactar a própria noção de império da lei, sobretudo diante de um texto legal concebido para assegurar a efetividade dos direitos.

---

29 Obra citada, p. 585.

30 DIDIER, Fredie, et al. Diretrizes para a concretização das cláusulas gerais executivas dos arts. 139, IV, 297 e 536, § 1º, CPC. *Revista de Processo*, v. 267/2017, p. 227-272.

Do ponto de vista do Estado de Direito, a violação sistemática ao sistema jurídico deve ser combatida com meios e instrumentos adequados e proporcionais, o que certamente não pode resultar na abstenção judicial em dar efetividade a sua própria decisão.

1.7. CONCLUSÃO

À guisa de conclusão, sustenta-se, assim, que:

a) O sistema processual, para ser efetivo e ser capaz de enfrentar as demandas contemporâneas, tem que ser aplicado de modo a obstar o comportamento ofensivo aos comandos judiciais, buscando as técnicas dissuasórias adequadas a cada situação tutelável;

b) O atual diploma ao favorecer a possibilidade de análise de risco pela adoção de uma autonomia mitigada, na prática, estimulou a resistência por parte dos devedores recalcitrantes.

c) O consórcio de técnicas de dissuasão, econômicas e não-econômicas, é o único caminho possível para a dignificação e efetividade da atividade jurisdicional, tendo em vista um ambiente social de recorrente lesão aos direitos das coletividades;

d) O ajuste de técnicas executivas tem que ser realizado de modo a impactar decisivamente os cálculos de ganhos esperados pelo devedor com o descumprimento das decisões judiciais e deve ter o caráter prospectivo de modo a ser capaz de influenciar a vontade em direção ao cumprimento.

e) Os meios executivos atípicos, tais como regulados no atual Código de Processo Civil, envolvem diversas modalidades de restrição de exercício de direitos, podendo, excepcionalmente, serem estendidos para determinar, também, a prisão civil por descumprimento, caso essa técnica se mostre a única capaz de levar ao adimplemento.

Capítulo

2

COMO A LEGISLAÇÃO PROCESSUAL CIVIL E A JURISPRUDÊNCIA BRASILEIRA ESTIMULAM A LITIGÂNCIA DE MÁ-FÉ

2.1. A EXPOSIÇÃO DO PROBLEMA

O Código de Processo Civil Brasileiro expressa de forma bastante específica as condutas que são consideradas como litigância delituosa. Essas hipóteses estavam previstas no art. 17 do CPC-73 e, atualmente, estão no art. 80 do diploma processual civil.

De forma geral, a literatura especializada considera que o dispositivo conta com uma série de conceitos juridicamente indeterminados. Nesse sentido, **"as descrições das condutas consideradas inadmissíveis são repletas de termos abertos, com contornos indefinidos"[31].**

Em que pese a existência de conceitos juridicamente indeterminados, cuja aplicação depende de prévia substanciação pelo juiz no caso concreto, não resta dúvida de que esses conceitos não são especialmente complexos. Isso porque as condutas fixadas no art. 80 devem ser combinadas com os deveres processuais das partes, na forma prevista no art. 77 do atual CPC.

---

31 MARCATO, Antonio Carlos. *Código de Processo Civil Interpretado*. São Paulo: Atlas. 2004, p. 92.

Essa correlação torna os conceitos juridicamente indeterminados aplicáveis à litigância de má-fé muito mais facilmente concretizáveis.

Nesse sentido, ao analisar à luz do código passado, as situações enumeradas no atual art. 80 oferecem "paradigma para a decisão do juiz a respeito da quebra dos deveres estabelecidos (...) e da conseqüente litigância de má-fé"[32].

O uso de conceitos vagos, não há dúvida, busca sempre ofertar ao juiz o exercício da Jurisdição de forma mais ampla possível e de modo mais preciso regular a sua atuação tendo em vista as circunstâncias de cada demanda.

Não por acaso, Marinoni destaca que "as normas processuais abertas não apenas conferem maior poder para a utilização dos instrumentos processuais, como também outorgam ao juiz o dever de demonstrar a idoneidade de seu uso"[33].

As questões relacionadas a conceitos juridicamente indeterminados tornaram-se especialmente relevantes no âmbito do Direito Processual Civil Brasileiro, mas não oferecem, do ponto de vista da aplicação prática, um grande desafio.

Tais conceitos tem sua aplicação conexa com a exigência da adequada argumentação jurídica que, em última instância, motiva e legitima a atividade jurisdicional em tais casos. Não por outra razão o atual diploma processual civil. em seu art 489, §1º exige uma fundamentação profunda da decisão judicial.

Em estudo a respeito sustentou-se que:

> Dizer que o Juiz deve se convencer e expor os motivos de seu convencimento de forma racional significa determinar que o Juiz construa uma argumentação que *defenda* o seu ponto de vista, tanto em relação às partes quanto aos demais atores do processo como também perante a própria sociedade. A decisão judicial, portanto, nunca é mais que uma argumentação. E essa argumentação somente pode ser entendida como correta e aceitável à medida que o raciocínio que a produziu possa ser testado[34].

32 MARCATO, Antonio Carlos. *Código de Processo Civil Interpretado*. São Paulo: Atlas. 2004, p. 92.

33 MARINONI, Luis Guilherme. *Teoria Geral do Processo*. São Paulo: RT, 2006, p. 117.

34 DIAS, Jean Carlos. *Curso Critco do Processo de Conhecimento*. Curitiba: Juruá, 2005, p. 163.

Logo, o uso de conceitos indeterminados no caso sob análise dificilmente pode ser apontado como um óbice concreto quanto à configuração da litigância de má-fé.

É de se destacar que esse modelo de ferramental jurídico tem paralelo, por exemplo, nas tutelas de urgência, o que de modo algum tem impedido ou obstado a atuação jurisdicional adequada.

Desse modo, pode-se concluir, preliminarmente, que não há, no caso da litigância, uma maior complexidade interpretativa do instrumental conceitual posto à disposição dos aplicadores.

Partindo dessa conclusão, faz todo o sentido perquirir a respeito do comportamento processual das partes em juízo na realidade brasileira e em que medida essa conduta processual deriva ou é restringida pelas regras que integram o sistema legal.

A sucessão de reformas legislativas no sentido de restringir o uso de recursos, por exemplo, demonstra que as partes têm se portado sistematicamente de modo a violar a conduta esperada e imposta pela lei brasileira (CPC, art. 80, VII).

No mesmo sentido, a recorrente crise da efetividade da jurisdição, sobretudo na fase executiva, demonstra que a resistência injustificada tem se tornado o comportamento padrão do jurisdicionado (CPC, art. 80, IV), inclusive por parte do Estado.

Apenas esses dois casos expressam muito claramente que os deveres processuais das partes são frequente e rotineiramente violados sem que haja qualquer consequência.

A condenação pela litigância de má-fé prevista no art. 81 do Código de Processo Civil poderia ser um modo efetivo de coibir este estado de coisas?

Essa é pergunta que guiará a análise no presente capítulo.

Vale pontuar, ademais, que não houve mudança relevante nas hipóteses legais com a promulgação do atual CPC.

2.2. QUE DADOS COMPÕEM A ESTRATÉGIA PROCESSUAL FRENTE À POSSIBILIDADE DE UMA SANÇÃO ECONÔMICA?

No capítulo anterior, demonstrou-se que um conjunto de sanções articulado de forma inteligente levará os interessados a adotar o comportamento esperado. Tratando de sanções econômicas, a intensidade e a probabilidade da aplicação são os dados que serão utilizados pelos interessados para programar seu comportamento.

É importante aprofundar essas ideias e tomá-las com base para a análise do art. 81 do Código de Processo Civil.

As partes que litigam em juízo concorrem para obter o resultado que lhe é mais favorável. Na busca desse objetivo, adotam racionalmente as condutas mais capazes de chegar até ele.

A opção entre as possibilidades de conduta será definida em função não da sua licitude do ponto de vista da boa-fé processual, mas da expectativa de alcançar ou não, o mais imediatamente possível, os resultados pretendidos.

Diante disso, a conduta reprovável somente será efetivamente desconsiderada se o risco que representar se mostrar de tal ordem que o ganho buscado possa se tornar inviável ou, sendo alcançado, seja anulado por uma conseqüência desvantajosa mais grave.

O cálculo desse risco, porém, fundamenta-se em alguns elementos de uma equação a ser examinada em cada situação concreta. Os advogados e partes calculam a sua forma de atuação, levando em consideração os impactos que podem advir da incidência das normas em questão.

O primeiro elemento a ser considerado para dispensar uma conduta reprovável é a sua gravidade, isto é, sua magnitude.

Quando um comportamento é estabelecido como processualmente reprovável, a sanção correspondente à violação funciona como um critério de validação para a análise racional por parte dos possíveis infratores.

Se a sanção atribuída é ínfima em relação ao objeto da demanda a ser perseguido imediatamente, pode-se afirmar categoricamente que o infrator se sentirá autorizado a infringir o padrão fixado normativamente.

Por outro lado, se a sanção é relevante, isto é, representa a impossibilidade de viabilizar o ganho esperado, o infrator racional adotará o padrão esperado.

Dessa análise preliminar, sustenta-se que uma adequada reflexão quanto ao tema deve partir da identificação do ganho imediato e, a partir daí, estruturar um sistema de sanções capazes de exigir o comportamento em conformidade com os padrões normativos.

A correlação entre o ganho imediato e a magnitude da sanção constitui-se em fator inicial da análise econômica da litigância de má-fé.

Porém, a magnitude adequada da sanção, tendo em vista o ganho imediato obtido pela parte, somente será eficaz se a recorrência da aplicação da pena for perceptível.

Mesmo que uma sanção seja relevante e tenha o condão de inviabilizar o ganho imediato, se o estudo retrospectivo demonstrar que ela raramente é aplicada levará o possível infrator a desconsiderá-la na programação de sua estratégia de ação. Assim, a formulação da análise econômica do problema sugere que a ação estratégica dependerá da relação entre o ganho imediato, a magnitude da sanção e a recorrência de sua aplicação.

O ganho imediato que uma parte pode obter com a adoção de um comportamento indesejado deve ser estabelecido por meio da verificação do momento processual em que viria a ser obrigada a tal.

A magnitude da sanção, no sistema brasileiro, é fixada em Lei, no caso, no Código de Processo Civil. A recorrência da aplicação, por sua vez, leva em consideração a análise retrospectiva da jurisprudência e o risco de eventuais reorientações.

2.3. ANALISANDO ECONOMICAMENTE A CONDENAÇÃO POR LITIGÂNCIA DE MÁ-FÉ NO SISTEMA PROCESSUAL CIVIL BRASILEIRO

Com base no que se expôs na seção anterior, sintetiza-se o argumento da seguinte forma:

GI (ganho imediato) > MS (magnitude da sanção) . RA (recorrência da aplicação) = DESCUMPRIMENTO

Vamos imaginar que, mesmo sendo claro o dever de indenizar, por exemplo, em razão do reconhecimento extrajudicial voluntário, o demandado decida opor-se, a fim de evitar o pagamento imediato do valor de R$100.000,00 (cem mil reais), correspondente ao dano causado.

Esse comportamento pode ser facilmente configurado como litigância de má-fé, com base em resistência injustificada, prevista art. 17, IV, do CPC-73 e no art. 80, IV, CPC-2015.

Imaginem-se os seguintes cenários, a partir do exemplo supracitado.

Cenário 1: Multa de até 1% do valor da causa, a ser depositada ao final do processo.

No nosso primeiro cenário a multa pode litigância de má-fé possui limite máximo de 1% do valor da causa. A sanção pela resistência injustificada corresponde, portanto, a no máximo R$1.000,00 (mil reais). Essa multa, porém, não deverá se paga de imediato, ou seja, no momento da prática do ato de litigância de má-fé, mas tão somente no final do processo, caso seja sucumbente.

Nesse contexto, caso o réu resista injustificadamente, em função da delonga natural do processo, deixará de ser obrigado a pagar o valor que deveria.

No momento da decisão a respeito de opor ou não a resistência injustificada, as opções do requerido são:

a) não resistir – custo imediato: R$100.000,00

b) resistir – custo imediato: 0

Desse modo, podemos afirmar que um demandado racional oporá sistematicamente resistência injustificada. O sistema legal, portanto, como demonstrado, é absolutamente ineficiente e estimula, invariavelmente, a litigância de má-fé.

Esse cenário poderia ser modificado?

Tomando como base o que antes se analisou, algumas alterações poderiam levar a um resultado diverso.

O agravamento da sanção e a imposição em momento presente, isto é, no ato da prática de litigância, modificaria substancialmente o cenário.

Cenário 2: multa de 50%, a ser depositada imediatamente.

Vamos supor que a multa fosse fixada no percentual de 50% (cinquenta por cento) do ganho imediato e que devesse ser depositada em juízo no momento da prática, isso levaria às seguintes opções estratégicas:

a) não resistir – custo imediato: R$100.000,00

b) resistir – custo imediato: R$50.000,00

Embora o ganho imediato ainda seja superior à sanção, o maior importe levaria o possível infrator a considerar em sua estratégia que a resistência indevida poderia agravar em 50% seu risco, sendo ao final seu desembolso total na ordem de R$150.000,00.

O agravamento de uma condenação já esperada em tal proporção tenderia a desestimular a resistência injustificada, ainda que não eliminasse integralmente a possibilidade de sua ocorrência.

De outro lado, o desembolso imediato levaria a uma consideração devida do comportamento reprovável, reforçando o padrão fixado normativamente.

Cenário 3: multa de 100% do valor da causa, a ser depositada imediatamente.

Para fins de argumentação, vamos supor, ainda na mesma hipótese, que a sanção fosse equivalente a 100% do valor da demanda.

Nesse cenário, as opções estratégicas seriam

a) não resistir – custo imediato: R$100.000,00

b) resistir – custo imediato: R$100.000.00

Nessa hipótese, nenhum litigante oporia a resistência que tivesse o risco de ser considerada injustificada, pois não há qualquer ganho imediato. De outro lado, há o risco de um custo final de R$200.000,00, o que significa anular o ganho imediato e impor um custo adicional da mesma proporção. Um litigante racional não resistiria quando seu fundamento de defesa pudesse ser considerado como injustificado.

Desta forma, o CPC de 2015 trouxe avanços em relação ao diploma anterior.

a) Comparação das legislações processuais: art. 18, CPC-73 VS art. 81, CPC-2015.

O antigo CPC, em seu art. 18, previa que a multa por litigância de má-fé não poderia ultrapassar 1% do valor da causa. Por sua vez, o atual diploma processual estipula em seu art. 81 que a multa deverá ser superior a 1% e inferior a 10% do valor corrigido da causa. É claro o avanço legislativo.

A partir dos cenários apontados, pode-se generalizar, argumentando que a litigância de má-fé somente é efetivamente combatida quando a sanção aplicada inviabiliza, total ou parcialmente, o ganho imediato e representa um risco considerável de agravamento do custo final da demanda para o infrator.

Neste aspecto o CPC atual é bem mais racional. Ao ampliar o valor da multa de 1% para até 10%, gera-se um desestímulo maior aos casos de litigância de má-fé. Todavia, há que se questionar se o montante de 10% é suficiente para gerar o resultado desejado.

Verifica-se que o cenário 1, pautado no CPC-73, é bem menos dissuasório que os cenários 2 e 3. O CPC atual, contudo, se encaixa entre as hipóteses 1 e 2, de modo que é plenamente possível concluir que mesmo ocorrendo um avanço, ele pode não ser suficientemente severo para uma redução considerável nos casos de litigância de má-fé. Ainda assim, sem dúvida, houve um avanço significativo.

Essa conclusão, porém, se sustenta e é modulada por um outro fator que é a recorrência da aplicação. Somente no caso dos tribunais aplicarem de forma consistente e sistemática as sanções é que o efeito dissuasório ocorreria.

Tanto quanto isso, o percentual da sanção, para ser efetivo, tendo em vista o ganho imediato, deve ser ponderado pela taxa de recorrência.

No tópico seguinte, aperfeiçoar-se-á o modelo usado como referência, ampliando a hipótese desenvolvida.

2.4. A TAXA DE RECORRÊNCIA DA APLICAÇÃO DAS SANÇÕES POR LITIGÂNCIA DE MÁ-FÉ NO SUPERIOR TRIBUNAL DE JUSTIÇA

Como se argumentou antes, a taxa de recorrência da aplicação é uma variável que pode reforçar ou inviabilizar a reprovação da conduta indesejada, mesmo que seja proporcionalmente relevante.

No âmbito do Superior Tribunal de Justiça, a multa por litigância de má-fé tem sido mantida em diversos recursos em que chegou a ser decidida. Para fins ilustrativos, analisaram-se dez casos em que o tema foi apreciado[35], tendo em sete deles sido mantida a condenação[36].

35 Excluiu-se, portanto, os casos de não conhecimento.

36 Decisões que mantiveram a condenação: 1)AgRg nos EDcl no Ag 926.575/SP, Rel. Ministro JOSÉ DELGADO, PRIMEIRA TURMA, julgado em 27.05.2008, DJ 23.06.2008 p. 1. 2)EDcl nos EDcl no REsp 1036894/RS, Rel. Ministro FERNANDO GONÇALVES, QUARTA TURMA, julgado em 13.05.2008, DJ 26.05.2008 p. 1. 3) AgRg no Ag 1017541/SP, Rel. Ministra NANCY ANDRIGHI, TERCEIRA TURMA, julgado em 17.04.2008, DJ 30.04.2008 p. 1. 4)(AgRg no Ag 920.543/SP, Rel. Ministra DENISE ARRUDA, PRIMEIRA TURMA, julgado em 17.04.2008, DJ 08.05.2008 p. 1. 5) AgRg no REsp 947.927/PR, Rel. Ministra NANCY ANDRIGHI, TERCEIRA TURMA, julgado em 15.04.2008, DJ 29.04.2008 p. 1. 6)REsp 856.918/MG, Rel. Ministro CASTRO MEIRA, SEGUNDA TURMA, julgado em 15.04.2008, DJ 30.04.2008 p. 1. 7)REsp 994.328/RJ, Rel. Ministro CASTRO MEIRA, SEGUNDA TURMA, julgado em 08.04.2008, DJ 22.04.2008 p. 1. Decisões que afastaram a condenação: EDcl no REsp 996.229/RS, Rel. Ministro JOSÉ DELGADO, PRIMEIRA TURMA, julgado em 27.05.2008, DJ 23.06.2008 p. 1. 2)REsp 744.446/DF, Rel. Ministro HUMBERTO MARTINS, SEGUNDA TURMA, julgado

Com isso, pode-se, com as limitações dessa amostragem, sustentar que a taxa de recorrência da aplicação foi de 70%.

Essa taxa de recorrência, como antecipei, modula as conclusões obtidas na seção anterior. Considerando que em 3/10 dos casos não há aplicação da sanção. Para que a multa por litigância fizesse frente ao ganho imediato, teria que ser fixada normativamente em percentual superior a 142,85%[37].

Isso porque a taxa de recorrência modula o percentual efetivo de modo a indicar o risco real de imposição da medida. Usando como referência as situações imaginadas na seção anterior, o ganho imediato é superior ao percentual modulado pela taxa de recorrência nos dois casos.

Bem, o que demonstra efetivamente esse raciocínio?

2.5. CONCLUSÃO

A multa pela litigância de má-fé no Código de Processo Civil pode significar um verdadeiro incentivo à prática das condutas reprováveis ali enumeradas, ainda que tenha havido um claro avanço com a promulgação do atual diploma processual civil.

Demonstrou-se que o percentual da multa ponderado pela taxa de recorrência de aplicação adotada pela Corte que ordinariamente ocupa o topo da jurisdição processual está muito além do atual panorama.

Na 1ª edição desta obra defendeu-se que para que as condutas estabelecidas como litigância de má-fé fossem desestimuladas, era indispensável a alteração legislativa para combater as vantagens imediatas obtidas pelos infratores. Tal alteração ocorreu, mas ainda assim não é suficiente para mudar a realidade forense brasileira. E há uma razão.

Ao lado disso, uma maior uniformização de entendimento jurisprudencial em torno da aplicação tende a reforçar o desestímulo. As situações de afastamento da condenação por litigância de má-fé importam em uma informação estratégica que os demandantes interpretam, racionalmente, como autorização jurisprudencial para violação dos comandos legais.

em 17.04.2008, DJ 05.05.2008 p. 1. 3) REsp 919.103/PR, Rel. Ministro CARLOS FERNANDO MATHIAS (JUIZ CONVOCADO DO TRF 1ª REGIÃO), SEGUNDA TURMA, julgado em 17.04.2008, DJ 12.05.2008 p. 1.

37 A respeito da fórmula matemática que pondera a taxa de aplicação, consultar Cooter & Ulen, p. 478.

Desse modo, a aplicação sistemática em todos os casos, tende a reduzir os casos de violação e, com isso, reforçam o padrão normativo estruturado em lei.

Capítulo

3

A ASSIMETRIA DE INFORMAÇÕES E A PRODUÇÃO DE PROVAS NO PROCESSO CIVIL BRASILEIRO

3.1. EXPOSIÇÃO DO PROBLEMA

A tomada de decisões em um ambiente de incerteza é um tema recorrente da análise econômica do Direito porque os elementos que as subsidiam são frequentemente total ou parcialmente desconhecidos.

O contexto de informação perfeita é usualmente considerado inexistente ou raramente configurável em situações cotidianas.

No caso do processo judicial, a sentença é apoiada sobre fatos que dependem de apuração em juízo e cujo conhecimento deve, em algum momento, ser viabilizado pelas partes ao julgador.

Do ponto de vista processual, existem basicamente dois modelos que retratam o modo de informação ao julgador a respeito dos subsídios probatórios que cada demandante possui.

No modelo americano, mesmo antes da instauração do processo judicial, as partes são obrigadas a revelar seus argumentos básicos e as provas que os sustentam[38]. Trata-se da técnica *discovery*. Desta forma, se

38 COOTER; ULEN, p. 500.

prestigia a "verdade dos fatos", em detrimento da má-fé, ou da estratégia processual adotada pela parte.

Em geral, quando o processo é instaurado, as fases extrajudiciais de tentativa de realização de acordo tiveram o efeito de nivelar a percepção das partes a respeito da previsibilidade do resultado do julgamento.

Supõe-se, assim, que a força persuasiva da argumentação de cada parte já foi suficientemente testada, de modo a induzir a um julgamento razoavelmente bem informado.

O modelo europeu, em sentido diverso, não conta com a fase de exposição dos argumentos e provas de modo bem definido. Desse modo, geralmente as partes somente tem conhecimento dos argumentos de seu adversário após a propositura da ação.

Embora seja correto apontar que o processo civil brasileiro seja herdeiro da tradição européia, é possível construir algumas reflexões que podem enriquecer a análise de alguns institutos processuais, o que se pretende fazer na presente seção.

3.2. A EXPOSIÇÃO DAS PROVAS E OS CUSTOS SOCIAIS

A razão econômica que justifica a exposição das provas em momento prévio à judicial é supor-se que, sendo o agente racional, a escolha de propor ou resistir a uma demanda está fundada na informação que detém.

Como regra, se as provas existentes são persuasivas no sentido de apontar a existência da responsabilidade de uma parte, sua conduta racional será evitar o juízo, a não ser que a dilação temporal seja compensatória.

Em sentido diverso, o ambiente de assimetria de informações estimula uma expectativa demandista das partes, uma vez que nenhuma delas tem, de antemão, condições concretas de avaliar corretamente a expectativa de resultado.

Sob a análise econômica, a assimetria de informação tem o efeito de produzir uma externalidade negativa[39] representada, imediatamente, pelos custos sociais do processo judicial.

Os custos sociais, por sua vez, estão representados tanto pelos custos administrativos de um processo como também pelos custos do erro judicial.

39 RODRIGUES, Vasco. *Analise Econômica do Direito. Coimbra*: Almendina, 2007, p. 41.

Tradicionalmente os custos administrativos são representados pelos dispêndios que a sociedade deve fazer para garantir a existência de um sistema de resolução de conflitos.

Como todo e qualquer uso desnecessário, o acionamento do aparelho judicial para solver demandas que não existiriam se as partes estivessem devidamente informadas significa um desperdício de recursos.

Nesse exato sentido, o sistema de resolução de conflitos quando, acionado indevidamente, gera uma despesa que será socializada por meio da distribuição a toda a sociedade em função do regime fiscal.

Porém, os custos sociais, como externalidade negativa, estão representados também pelo risco de erro judicial.

Atendendo aos imperativos de Justiça que regem um sistema jurídico, é de se esperar que, numa demanda, a decisão judicial realmente tutele o direito que uma das partes demonstrou possuir.

Por incrível que pareça, essa é única justificativa social para a existência de uma instituição de resolução de conflitos: atribuir o direito a quem o possui.

Quando uma demanda assimétrica do ponto de vista dos argumentos e provas é apresentada, o risco de uma decisão equivocada aumenta.

Logo, a eficiência geral do sistema financiado pela sociedade tende a diminuir, com evidente custo para todos que podem vir a se socorrer de uma instituição recorrentemente falha.

Pode-se argumentar que o raciocínio antes exposto quanto aos erros judiciais provavelmente é correto, mas não tem utilidade na medida em que não pode ser aferido. Trata-se de um equívoco.

Imaginemos um julgador ético, que em todos os casos tem à sua disposição todos os fatos do modo como realmente aconteceram e tem pleno conhecimento do Direito. Tal julgador, nesse contexto, não cometeria erros; logo, produziria sempre julgamentos com informação perfeita[40].

Naturalmente, a crítica factual de que esse julgador não existe em nada altera a conclusão de que a extensão da diferença entre esses julgamentos perfeitos e os realmente existentes no mundo real constitui-se como o custo do erro judicial que uma sociedade assume.

40 Pode-se fazer uma relação com o juiz Hércules, proposto por Ronald Dworkin, com as devidas cautelas.

Não há dúvida de que o erro judicial gera custos que distorcem as expectativas sociais quanto à efetiva e correta aplicação do Direito. O resultado é um processo de enfraquecimento tanto do Poder Judiciário quanto do Direito que ele se vê na contingência de aplicar.

Existem também efeitos colaterais no âmbito do próprio sistema jurídico positivo, altamente prejudiciais do ponto de vista do cliente da Jurisdição. O excesso de formalismo, a multiplicação dos meios de revisão das decisões judiciais e mesmo a necessidade do controle externo são plenamente reconhecíveis como reação às distorções decorrentes do erro judicial.

Desse modo, pode-se argumentar que a forma processual de coleta de provas tem o efeito de maximizar ou minimizar os custos sociais derivados da propositura de um processo judicial.

A consequência teórica e prática de tal conclusão é que se pode aplicar, planejar ou reformar institutos processuais em ambas as direções, isto é, tanto no sentido de reduzir como de aumentar os custos sociais.

Especificamente quanto à instrução probatória, pode-se afirmar que nosso sistema, de forma geral, não considerou esses aspectos na formulação dos institutos processuais relacionados à prova.

Vale a pena, porém, a reflexão acerca da possibilidade de sofisticar a interpretação de alguns institutos, tomando como partida exatamente a análise econômica antes exposta.

Nas seções seguintes demonstrar-se-á que é razoável sugerir uma leitura mais rica e mais racional de dois momentos processuais regulados pela nossa legislação.

3.3. A AUDIÊNCIA PRELIMINAR (CPC-73) ERA UM MEIO ADEQUADO DE INTERCÂMBIO DE INFORMAÇÕES? O SANEAMENTO E ORGANIZAÇÃO DO PROCESSO TRAZIDO PELO CPC-2015 APRIMORARAM O SISTEMA?

O Código de Processo Civil Brasileiro de 1973, no art. 331, *caput*, previa que o juiz poderia designar audiência preliminar em causas que admitiam transação, quando não fosse hipótese nem de julgamento antecipado da lide, nem de extinção do processo. Por sua vez, o §2º, estabelecia que não havendo acordo na audiência preliminar, o juiz deveria fixar os pontos controvertidos e estabelecer as provas a serem produzidas.

Essa audiência tinha o efeito de retratar o segundo momento do trâmite probatório no processo civil. O primeiro momento é o da proposição que é deduzida pelas partes no momento da fase postulatória e o terceiro, a produção, ocorre, em regra, na audiência de instrução e julgamento.

Na atual sistemática processual, não há mais esta audiência preliminar. A busca pela transação no curso do processo foi materializada na audiência de conciliação ou mediação (art. 334, CPC), prévia à resposta do réu. Por sua vez, a fixação dos pontos controvertidos para a produção probatória se materializa no saneamento e organização processual (art. 357, CPC) que pode ser feita em gabinete ou em audiência específica, com a cooperação das partes, em causas complexas (art. 357, §3º).

Poderia ser alegado que a audiência preliminar, tal como regulada anteriormente no ordenamento, oferecia as condições para o intercâmbio de informações, de modo a possibilitar um nivelamento prévio, a fim de colocar as partes no mesmo patamar de informação. A mesma alegação poderia ser feita acerca do saneamento e organização processual como estabelecidas atualmente.

Supostamente, suas características seriam suficientemente eficientes a ponto de permitir uma adequada previsão do desfecho da demanda, e, com isso, auxiliaria a decisão quanto ao prosseguimento ou não do processo, em face ao cálculo das expectativas de resultado.

Deste modo, a composição, ainda que feita neste momento e não em audiência específica, seria uma saída natural, que, segundo autorizada fonte, não ocorreria na prática porque "as partes, através de seus advogados são avessas à composição" [41].

Esse argumento é falho. Pretende-se demonstrar que tanto a antiga audiência preliminar, como o saneamento do processo nos seus moldes atuais são ineficientes como meio de troca de informações e, por isso, não viabilizam a correção das expectativas das partes, não estimulando a solução negocial, nada tendo a ver com aversão das partes à conciliação.

Em que pesem diversas referências à antiga audiência preliminar, não havia na doutrina análise mais profunda a respeito das repercussões das ações que o juiz deveria colocar em prática, no que se refere ao aspecto probatório e à relação com a expectativa de solução do conflito.

41 FUX, Luiz. *Curso de Direito Processual Civil*. Rio de Janeiro: Forense, 2004, p. 497.

Sendo as partes agentes racionais e tendo ciência da existência de informações que demonstram que os fatos que pretendem ver reconhecidos como suporte para sua estratégia de ação processual não se sustentam, a transação ou a simples desistência de ação são possibilidades efetivamente concretas e mais recomendadas que a insistência numa lide com pouca chance de sucesso (naturalmente, exclui-se aqui o interesse meramente protelatório, a respeito do qual tratamos em outro capítulo deste livro).

Teoricamente, segundo o argumento antes exposto, a antiga audiência preliminar e o atual momento de saneamento, especialmente se em audiência, deveriam oferecer o momento adequado para a constatação da viabilidade de reconhecimento judicial dos fatos sobre os quais se fundam as teses sustentadas pelas partes.

Contudo, a regulação legal não atribuía no CPC-73 e continua sem atribuir às partes no CPC-2015 a troca voluntária de informações. Pelo contrário, a providência geral de fixação do mapa probatório, conduzido pelo magistrado, é ineficiente para estimular a abordagem das informações essenciais à previsão do julgamento da demanda. Neste aspecto houve pouca evolução com a mudança do código.

Isso porque o atual sistema continua sem promover a revelação das informações que poderiam planificar as partes quanto às suas expectativas de sucesso na demanda.

Quando uma das partes possui informação privada[42] que, revelada, poderia corrigir as expectativas da outra parte, e por isso levar a um maior realismo quanto ao desfecho da demanda e, assim, estimular o acordo, há um ganho decorrente da diferença entre o que a parte mal-informada está disposta a oferecer e o que a bem-informada entende que certamente lhe será deferido.

Esse resultado constitui-se como uma das duas razões[43] fundamentais pelas quais as partes, agindo racionalmente, podem sentir-se estimuladas a guardar informações úteis à formação do adequado cenário fático global.

Essa diferença de lucro decorrente da informação privada é que deve ser anulada ou minimizada pelo procedimento de revelação, de maneira

42 PATRÍCIO, Miguel Carlos Teixeira. *A Análise Econômica da Litigância*. Coimbra: Almedina, 2004, p. 56.

43 SHAVELL, Steven. *Foundations of Economic Analysis of Law*. Cambridge: Belkanap Harvad Press, 2004, p. 426.

a possibilitar um verdadeiro estímulo à resolução compositiva do conflito ainda na fase inicial. Quiçá na própria audiência de conciliação ou mediação.

Para verificar se isso é possível implementando as estruturas processuais do nosso sistema, é necessário fazer uma reflexão mais detida sobre as medidas envolvidas no saneamento processual, tal como regulada pelo Código de Processo Civil Brasileiro.

O que significa fixar os pontos controvertidos e deferir as provas cabíveis? Naturalmente, para fixar os pontos controvertidos, o juiz deve conhecer a demanda que lhe foi apresentada de tal modo que os fatos relevantes para o deslinde da questão possam, desde logo, ser identificados.

Definir os pontos controvertidos, isto é, estabelecer quais são efetivamente as questões de fato essenciais, supõe um cotejo entre as afirmações contidas na inicial e sua contestação na peça de defesa. Os fatos incontroversos, como sabido, independem de instrução probatória e podem ser tomados pelo juiz na formulação da sua decisão, tal como apresentados pela parte.

Atribuir ao juiz o papel de fixar os pontos controvertidos significa que a ele cabe a estruturação do mapa probatório[44].

Até aqui, nada justifica a crença de que se trate de um procedimento eficiente de revelação das provas que as partes possuem. O juiz, nesse momento, não tem conhecimento algum a respeito do que as partes racionalmente ocultam para a fase probatória. Logo, dentre todos os envolvidos no processo, é a parte que possui o maior déficit informativo.

Sendo desse modo, o procedimento legal brasileiro atribui, como regra, ao mais desinformado o papel de definir o que é relevante para a demanda, notadamente quanto aos aspectos fáticos que serão objeto de demonstração no curso da ação.

Como o magistrado não detém qualquer informação a respeito da lide, imediação que ocorrerá apenas na fase seguinte, a fixação dos pontos controvertidos é feita *in status assertitionem*, ou seja, conforme o que as partes expuseram em suas manifestações escritas.

Ocorre que as postulações em que se baseia a fixação dos pontos controvertidos não é vinculativa, isto é, nada obsta que a instrução probatória

44 Ver a respeito: DIAS, Jean Carlos. *Curso Crítico do Processo de Conhecimento*. Curitiba: Juruá, 2007, p. 148.

possa derivar para questões que foram apenas parcialmente abordadas pelas partes ou mesmo sequer consideradas.

Nesse exato sentido, a guarda de informações nesse ambiente, se capaz de maximizar os lucros esperados pela parte que a detém, será a estratégia dominante nesse ambiente, retirando a possibilidade de negociação pela partes em patamares realistas.

O atual código de processo civil trouxe um acréscimo interessante se comparado ao código anterior e que deve ser considerado. O art. 357, §3º, prevê que o saneamento poderá ser feito em audiência, cooperativamente entre as partes e o juiz. Uma vez que o processo atual se pauta na boa-fé, e na cooperação, trata-se de medida bem vinda. Afinal, se as partes possuem mais informações a tendência é que isto permita uma melhor fase instrutória.

De outro lado, há um argumento factual que demonstra a ineficiência do procedimento. Raramente, os magistrados brasileiros tem efetivamente sido protagonistas quanto à fixação dos pontos controvertidos. Nesse sentido, cada parte, seguindo suas informações privadas, tenta conduzir a instrução para o desfecho que pretende, sendo impossível chegar a qualquer composição.

Como informações particulares funcionam como extremos da tensão probatória, o magistrado torna-se, no mais das vezes, meramente árbitro das intenções ocultas das partes, sem ter a menor percepção disso.

Como se não bastasse, a atuação ineficiente da conduta judicial desperta reflexão sobre a razão pela qual essa tarefa deve ser, em regra, desenvolvida em audiência em que as partes estejam presentes e acompanhadas de seus respectivos advogados. Sendo realizado em audiência, o saneamento e futura fase instrutória tendem a ser mais eficientes.

A razão para justificar a realização dessa atividade em audiência é possibilitar a ambas as partes o conhecimento de quais fatos serão considerados relevantes para a resolução da demanda e, tanto quanto isso, que meios serão tidos como hábeis a demonstrá-los judicialmente. Neste aspecto o CPC atual foi positivo.

Logo, o procedimento do saneamento em audiência sugere que o juiz deverá definir, juntamente com as partes, o quê, de fato, será objeto de prova e como. Isso permite, a partir de então, prever melhor como se desenrolará a fase seguinte.

Estando as partes presentes e considerando que cada uma pode interagir nesse ato com o juiz, para a fixação dos pontos controvertidos, supostamente seria possível estabelecer a robustez dos argumentos e, por isso, antecipar o resultado da demanda.

A partir desse momento processual, as partes teriam condições de prever o desfecho da causa em função da complexidade probatória que cada uma tenha de assumir e, por isso mesmo, é intuitivo que essa mesma audiência dê ênfase à possibilidade de realização de transação extintiva da demanda.

É sugestiva a associação, no mesmo ato, da revelação das provas tencionadas por cada parte e a possibilidade de conciliação.

Resta saber se a indicação da prova se configura como um modelo eficiente de troca de informação. Como antes se argumentou, a limitação estrutural do papel do juiz sugere que a instrução probatória fica, em regra, adstrita aos extremos de interesse de cada uma das partes, consoante as informações privadas que detém. De outro lado, como não há uma correlação forçada entre os argumentos constantes na fase postulatória e as provas perseguidas pelas partes, também não há estímulo para o intercâmbio de informações.

É valido frisar que o art. 357, §2º, prevê a possibilidade das partes apresentarem, para homologação, delimitação consensual das questões de fato e direito, a qual será vinculante. Mesmo nesse caso, nada garante que as partes apresentarão seus argumentos e trunfos probatórios, uma vez que o conflito de interesses se mantém.

A audiência de saneamento cooperativa também não é obrigatória, sendo que para sua realização, além dos requisitos legais, há questões fáticas a serem consideradas. O juízo possui condições de pautar novas audiências? Isto vai afetar o trâmite processual da vara? Há interesse em postergar o processo para este ato cooperativo?

3.4. CONCLUSÃO

A audiência preliminar prevista no CPC-73 era claramente ineficiente como meio de estímulo à composição, uma vez que mantém a assimetria de informações. Como esta situação não foi solucionada no diploma atual, a mesma crítica pode ser feita ao saneamento processual.

Para que esse ato se tornasse mais adequado, seria necessário combater exatamente as duas falhas principais que já identificamos.

O impedimento de uso e reconhecimento judicial de informação que não foi objeto de postulação impediria que as partes se sentissem estimuladas a guardar os dados privados, sendo, assim, forçosa sua divulgação. Na audiência de saneamento compartilhada há maior estímulo ao debate e maior chance de revelação informativa, todavia não há garantias da redução desta assimetria.

Sendo obrigatória a declinação das informações privadas na própria audiência, como procedimento prévio à fixação dos pontos controvertidos, a audiência permitiria um verdadeiro intercâmbio de informação que levaria a uma percepção mais acurada do desfecho, levando, assim, a uma avaliação mais criteriosa da composição.

O ambiente de incerteza quanto às informações detidas, sem dúvida, induz a um erro de expectativa que, por sua vez, inviabiliza a composição. De outro lado, a liberdade de uso da informação privada leva a um ambiente de incerteza que justifica plenamente a reação conservadora ante o risco que as partes adotam no sistema processual civil brasileiro.

A revelação forçada, com a atribuição de preclusão quanto aos argumentos e provas não declinados, em moldes semelhantes ao *discovery* norte americano, funcionaria como um filtro capaz de, ao mesmo tempo, tornar simétrico o cenário fático e com isso estimular as composições ou desistência de ações infundadas, e viabilizar o prosseguimento do processo com uma melhoria significativa das questões que demandariam demonstração.

Essa estratégia de regulação processual possibilitaria a racionalização e objetivação da instrução probatória, com o ganho em economia de tempo, atendendo ao principio da duração razoável do processo.

De outro lado, como efeito positivo, os erros judiciais de avaliação de provas seriam certamente reduzidos em função do procedimento de planificação prévia dos fatos que demandam prova.

Capítulo

4

A ANÁLISE ECONOMICA DOS CUSTOS DO PROCESSO

4.1. INTRODUÇÃO

O tema do acesso aos órgãos judiciários tem desencadeado uma série de reflexões que tomam como ponto de partida a consagração constitucional do amplo acesso à Justiça.

De um modo geral, o eixo das análises está centrado na compreensão do processo como um direito fundamental que reúne um conjunto de institutos jurídicos que são diretrizes de ação para o legislador infraconstitucional.

Essa vertente de estudos tem como pressuposto a oferta da prestação jurisdicional como um dever do Estado e um direito que cada cidadão tem de fazer valer suas pretensões no ambiente judiciário.

Esse amplo acesso, consagrado na Constituição, que permeia a teoria processual[45] contém, porém, uma redução implícita representada pelo pagamento de taxas judiciárias.

45 Ver a respeito o capitulo 1 do nosso Curso de processo civil: processo de conhecimento. DIAS, Jean Carlos, et. al. *Curso de processo civil: processo de conhecimento*. 2 ed. Rio de Janeiro: Lumen Juris, 2019.

É um dos temas recorrentes, na análise econômica do direito, o papel que as taxas judiciárias e o sistema de sua responsabilização desencadeiam na reflexão a respeito da busca de realização de pretensões[46] processuais[47].

As reflexões sob o eixo dos direitos fundamentais não abordam o papel dos custos como fator de desestímulo a demandas, o que, de modo diverso, se constitui como objeto destacado de reflexão dos estudos em análise econômica.

Neste capítulo, analisar-se-á o papel dos custos judiciários na apresentação de demanda perante o Poder Judiciário.

4.2. OS SISTEMAS DE PAGAMENTO DAS CUSTAS

Os sistemas de pagamento dos custos judiciários são diversos em função da tradição jurídica a que estamos nos referindo.

No sistema norte-americano[48], cada uma das partes deve arcar com os custos decorrentes de despesas de acionamento do poder judiciário, independentemente do resultado que a demanda venha a ter.

Na Europa, contudo, prevalece a regra de atribuição dos custos ao demandante vencido, isto é, àquele que teve sua pretensão rejeitada ou foi condenado.

Pela influência europeia do nosso direito processual, adotamos a segunda modalidade de atribuição, sendo essa a regra fixada em nosso ordenamento, como melhor exporemos adiante.

Esses dois sistemas de atribuição de custas podem assumir a feição de incentivos adequados para a renúncia a uma demanda em função da natureza do próprio litígio.

4.3. AS DEMANDAS REGULARES

Ao deliberar sobre a propositura de uma demanda, o agente racional leva em consideração a sua expectativa de resultado e os custos envolvidos no desencadeamento da atividade judiciária.

---

46 Não se usa a expressão no sentido carneluttiano.

47 Nesse sentido: PATRÍCIO, Miguel Carlos Teixeira. *Analise Econômica da Litigância.* Coimbra: Almedina, 2005, p. 85.

48 COOTER; ULEN, p. 518.

Esse cálculo pode, eventualmente, revelar-se equivocado, quando as expectativas são irreais (falta de informação, má apreciação dos precedentes, etc.), mas, em regra, os custos judiciários são claramente admitidos por ambas as partes ao decidir submeter uma demanda a Juízo ao invés de transacionar a respeito.

Naturalmente, sob a ótica da análise econômica, o agente somente apresentará uma demanda ao Poder Judiciário se as suas expectativas forem superiores aos custos do processo.

É importante ter em vista que esse tipo de cálculo nunca leva em consideração os custos sociais, isto é, o custo marginal decorrente do uso do aparelho estatal nunca é levado em consideração, embora fosse desejável que o fosse.

Pois bem, sendo as expectativas superiores ao custo do processo, podemos afirmar que o agente apresentará a demanda (expectativa > custos).

De outro lado, sendo os custos maiores que as expectativas, o possível demandante não proporá a ação e incorporará o dano que eventualmente sofreu (expectativa < custos).

Essa análise toma como ponto de partida que os custos do processo podem, realmente, significar um óbice à apresentação de uma demanda e, por isso, se constituir em um incentivo para o não acionamento irrefletido do Poder Judiciário.

A realidade mostra, porém, que um conjunto relevante de demandas são apresentadas ao Poder Judiciário mesmo quando as expectativas de ganho são claramente mínimas.

Essas situações são denominadas, em análise econômica, como demandas frívolas, sobre as quais refletiremos na seção seguinte.

4.4. AS DEMANDAS FRÍVOLAS

As demandas frívolas são aquelas cuja motivação está ligada a fundamentos jurídicos de baixa probabilidade de aceitação como fator autorizador do resultado que se pretende extrair do processo judicial.

Quando o litigante tem consciência de que a demanda que pretende apresentar tem baixa probabilidade de êxito, o pagamento das despesas processuais tende a se tornar um poderoso óbice à apresentação.

O desencaixe imediato de recursos em prol de um objetivo que tem pouca possibilidade de ser alcançado faz com que o agente racional prefira poupar seus recursos em vez de empregá-los em um resultado provavelmente desfavorável.

O investimento imediato e real de recursos em prol de uma finalidade de poucas possibilidades de êxito não é um comportamento racional, porém o cotidiano forense mostra que essas demandas são recorrentes.

Pode-se argumentar que muitas demandas de baixa probabilidade de êxito têm como motivação fatores não racionais, tais como rancor, ódio, vingança, etc.

Esse é um argumento que desconsidera o sentido da análise econômica do direito. O fato da motivação pessoal ser fundada em sentimentos (nobres ou não), em nada desnatura que o agente está agindo racionalmente com o objetivo de maximizar seus próprios interesses.

Quando um sujeito racional motivado a apresentar uma demanda frívola se depara com as despesas processuais necessárias à interposição, pode reagir de duas maneiras diversas: ou assumir os custos daí derivados ou desistir.

Como predizer que comportamento os sujeitos racionais adotarão em situações como essas? Basicamente o fato essencial para estabelecer a conduta é a importância das despesas processuais.

Quanto maior for o custo para a apresentação da demanda, menor será a motivação do agente para apresentar uma demanda de baixa probabilidade de êxito; por outro lado, quanto menor o custo de apresentação, maior será o estímulo para a apresentação de tal modalidade de pretensões.

Em tais situações, as despesas processuais precificam inicialmente a expectativa de resultado e, quando o valor atribuído pelo autor é superior ao desencaixe, pode-se afirmar que ele proporá a demanda frívola.

É importante dizer que as demandas frívolas geram uma externalidade negativa relevante, pois consomem unidades de serviço judiciário que poderiam ser destinadas às demandas de maior importância social.

4.5. O CUSTO SOCIAL DAS DEMANDAS FRÍVOLAS E OS INCENTIVOS ENVOLVIDOS

Quando o Judiciário se vê obrigado por um princípio constitucional a apreciar todas as demandas que lhe são apresentadas, observa-se que há imposição à sociedade do custeio da atividade judiciária.

A autoridade judiciária, por sua vez, não tendo à sua disposição um juízo de seleção prévio de procedibilidade de demandas (veremos como as condições da ação desempenham esse papel após a interposição), somente pode se valer do desestímulo representado pelo pagamento com as despesas da ação.

O grau de eficiência desse incentivo, contudo, é diretamente proporcional à importância econômica que essas custas representam do ponto de vista da causa disputada.

Caso as custas sejam irrisórias, os demandantes de causas de baixa probabilidade se sentirão à vontade para propô-las, não se constituindo, deste modo, como um verdadeiro óbice.

É sintomático, assim, que os demandantes de causas frívolas migrem imediatamente para os ambientes judiciários que imponham menor custo de interposição. Isso explica porque os juizados especiais tornaram-se alvo de demandas dessa espécie, contribuindo para a explosão da demanda desses órgãos judiciários.

Uma solução imediata para a contenção da apresentação dessas demandas pode ser dada mediante o simples aumento dos custos de interposição.

Essa solução, porém, não pode ser admitida, pois importaria em um desestímulo geral à propositura de demandas, sem penalizar efetivamente aquele que provoca desnecessariamente a atividade judiciária.

O aumento excessivo dos custos de proposição/interposição, por sua vez, levaria à inabilitação do acesso à Justiça, consagrado constitucionalmente, o que inquinaria a norma que o fizesse de evidente inconstitucionalidade.

Uma conclusão, porém, é irretocável: a criação de ambientes processuais sem a fixação de custos de proposição estimula a interposição de demandas frívolas, uma vez que as expectativas tornam-se sempre positivas.

4.6. O ACORDO DE COMPROMISSO

Na experiência norte-americana[49], as partes podem se submeter a um acordo prévio quanto aos custos processuais, que traduzimos livremente como acordo de compromisso[50].

49 COOTER; ULEN, p. 518.

50 No original, "*offer of judgement*".

Nesse tipo de ajuste, uma das partes propõe transacionar quanto ao objeto da demanda por um determinado valor (x).

Se a outra parte se recusa a transacionar por esse valor, e ao final o julgamento for inferior a esse patamar (decisão<x), a parte que se recusou a acordar será considerada perdedora para fins de recolhimento das despesas processuais[51].

Essa técnica objetiva incentivar a solução negociada de conflitos, sem a necessidade de oferta de uma decisão judicial.

O recalcitrante, no caso, passa a ter mais um fator de consideração no momento de deliberar sobre a resistência em juízo.

Esse elemento induz as partes a buscar uma solução negociada em função da possibilidade de, no caso da oferta de compromisso, ter contra si a atribuição dos custos da demanda.

4.7. O SISTEMA DO CÓDIGO DE PROCESSO CIVIL

O Código de Processo Civil Brasileiro de 1973 adotava a regra em que o vencido pagava os custos: o art. 20 consagrava a opção pelo sistema de inspiração européia quanto à distribuição dos custos do processo. O atual diploma processual civil, por sua vez, manteve a mesma lógica em seus artigos 82, § 2º e 85. Não houve alteração na regra geral da sistemática de custas processuais, sendo esta tratada entre os artigos 82 e 97, juntamente com as temáticas dos honorários advocatícios e multas.

Esse modelo de distribuição tem o efeito positivo de desestimular as demandas frívolas, mas apenas e tão somente se os custos envolvidos forem significativamente relevantes, tendo em vista o objeto perseguido em tais ações.

Argumentou-se antes que a majoração pura e simples dos custos do processo, de forma geral e não especificada, apresenta um verdadeiro óbice constitucional na medida em que representa, na prática, uma negativa de prestação jurisdicional à boa parte da população brasileira.

Logo, é necessário raciocinar acerca dos custos do processo como filtro para a interposição de demandas, mas sempre tendo em vista que ele deve ser calibrado ao comportamento inicial das partes.

51 Trata-se da *rule 68* da *Federal Rules of Civil Procedure*.

Sendo essa a premissa, embora possamos permanecer com a regra européia de distribuição dos custos do processo, é indispensável que a demanda frívola seja apenada com o aumento desses custos.

Esse expediente, que sobretaxa os custos do processo quando a demanda vier a ser rejeitada por ser considerada como temerária, gerará a correção das expectativas do demandante e com isso reduzirá a apresentação desse tipo de demanda.

O filtro, portanto, pode ser aperfeiçoado para desestimular a propositura dessa categoria e, com isso, promover a redução do custo social de suporte às atividades judiciárias. É importante ter em vista que a sobretaxa não poderá ser irrisória nem discricionária.

Quanto ao valor, já deixamos claro que o incentivo à propositura desse tipo de ação é diretamente conexo ao seu valor. Quanto mais alto o valor, maior o desestímulo à interposição das ações frívolas.

A discricionariedade, porém, pode invalidar a conclusão. A faculdade judicial, em geral, promove a exclusão de penalidades em caso de derrota. È uma tendência natural evitar o agravamento do insucesso. Por isso, deixar ao critério do juiz a fixação ou não da medida tende a enfraquecê-la em função da possibilidade da alta taxa de dispensa.

Se valores altos forem fixados, mas for baixa a taxa de aplicação[52], o demandante por demandas frívolas não as considerará factíveis e assim o efeito de correção das expectativas deixará de acontecer.

Desse modo, o sistema de fixação dos custos não depende unicamente do valor e da forma de distribuição para evitar a propositura de demandas inconseqüentes; a taxa de aplicação é fundamento para considerá-los como filtros eficientes contra o abuso do direito de acessar o Poder Judiciário.

4.8. CONCLUSÕES

Os custos do processo se constituem como um fator determinante no momento da deliberação da apresentação de uma demanda em juízo.

Esses custos podem, em função de sua relevância econômica, estimular ou desestimular novas ações, desde que sejam efetivamente exigidos, sendo, assim, um crivo do acesso ao Poder Judiciário.

52 Ver a respeito o capítulo 3.

As demandas frívolas são estimuladas quando inexistirem custos de apresentação e isso gerar um custo social não contabilizado e por isso não atribuído ao autor desse tipo de pedido em juízo.

Técnicas como a oferta de compromisso tendem a corrigir as expectativas das partes e com isso reordenar suas avaliações, tendo em vista a possibilidade de atribuição dos custos derivados do processo.

O CPC de 2015 não alterou a sistemática das custas processuais, tendo apenas reorganizado topologicamente a temática, inclusive, transcrevendo diversos artigos do diploma processual civil de 1973, *ipsis litteris.*

Capítulo

5

A ANÁLISE ECONOMICA DOS JULGAMENTOS SEGMENTADOS

5.1. APRESENTAÇÃO DO PROBLEMA

Um dos campos de frequente exame pelos teóricos da análise econômica do direito é a discussão a respeito da eficiência dos julgamentos segmentados, isto é, se os juízos unitários oferecem menores custos que os julgamentos parciais.

Ao tratar do tema, Cooter e Ulen[53] tratam da segmentação do ponto de vista subjetivo, isto é, das partes envolvidas no conflito. Estabelecendo que uma investigação a respeito deve aferir os impactos tomando como ponto de partida o interesse dos litigantes.

Pensamos que a segmentação pode alcançar também parte dos pedidos formulados na demanda. Chamamos a essa forma de segmentação objetiva. Isso quer dizer que o órgão judicial promoverá a decisão do caso de modo fracionado.

Neste capítulo, analisar-se-á a hipótese de que os julgamentos segmentados sejam mais eficientes e menos custosos do ponto de vista social por permitir a solução do caso com redução do gasto social na manutenção do aparelho judiciário.

53 COOTER; ULEN, p. 521

O problema envolve, portanto, não apenas a solução do ponto de vista dos interessados, mas, obviamente, a transferência de custos para a sociedade quando soluções possíveis e legalmente estipuladas deixam de ser adotadas pelo magistrado.

5.2. JULGAMENTOS SUBJETIVAMENTE SEGMENTADOS

Em demandas coletivas, usualmente ocorre que a extensão dos danos experimentados pelas vítimas seja de diversa gravidade e demonstração probatória.

A existência de diversidade de danos promove uma instrução probatória heterogênea, com o efeito negativo de fazer os demandantes cujos danos sejam mais facilmente perceptíveis esperar pela demonstração daqueles que apresentam maior complexidade.

Esse fato resulta no alongamento processual, uma vez que os danos a ser demonstrados requerem medidas probatórias diversas.

Admitindo-se que todos os demandantes lesados tenham que ser englobados em uma única decisão, ou seja, um julgamento unitário, as vítimas com danos mais evidentes ficariam sujeitas à conclusão da instrução probatória dos danos menos evidentes.

Trata-se inequivocamente de uma externalidade negativa que alcança o primeiro grupo. Nesse tipo de demanda, a compensação adequada pelos danos sofridos sugere que as vítimas mais evidentes sejam tuteladas prioritariamente.

Noutro sentido, ao segmentar as partes, o Juízo tem a seu dispor a possibilidade de planejar uma instrução probatória coerente com os danos experimentados e com isso excluir as provas desnecessárias ou incompatíveis.

A segmentação, nesse caso, é mais eficiente do ponto de vista da proteção ao direito das pessoas lesadas como também promove o menor custo social em razão do planejamento das fases subsequentes do processo judicial.

Há além desses fatores, outro muito importante, relacionado à possibilidade de transação.

Quando esse tipo de demanda ocorre, a possibilidade de um acordo torna-se extremamente difícil, pois o causador fica obrigado a oferecer uma proposta que alcance e seja cogitável por todos os envolvidos, independentemente da evidência dos danos experimentados.

A segmentação permite que o causador identifique, dentro do universo dos demandantes, aqueles que experimentaram danos mais evidentes e os que são menos claros, o que permite, consequentemente, a modulação da sua oferta, tendo em vista a categorização das vítimas.

Isso ocorre porque a segmentação tende a revelar os fatores de agregação que corrigem as informações e, por conseguinte, as expectativas do agente causador, estimulando uma resolução negociada do conflito[54].

Nesse exato sentido, a segmentação sugere maior possibilidade de realização de transação e, com isso, a redução da atividade judiciária, com a consequente diminuição do custo social do conflito.

De um modo geral, pode-se admitir que a segmentação oferece, nessa modalidade de demanda, uma alternativa mais eficiente que o julgamento unitário.

No direito processual civil brasileiro, a segmentação é possível pelo recurso a alguns institutos processuais.

Talvez o que melhor reflita essa possibilidade é o disposto no parágrafo único do art. 113, § 1º, do Código de Processo Civil, o qual trata do litisconsórcio multitudinário.

Esse dispositivo permite que, diante de uma universalidade de partes, o Juízo possa segmentar subjetivamente a demanda, de modo a observar uma rápida e, naturalmente, mais adequada solução para o conflito.

Ao limitar o número de litisconsortes facultativos, o Juízo poderá focar em cada processo que a ação inicial venha a se desdobrar em função do fundamento da segmentação, e com isso alcançar um julgamento mais eficiente que se mantido o quadro original.

É nesse sentido que Cooter e Ulen apontam que "em general, la segmentación de los juicios permite que los demandados superen la información assimétrica y separen los tipos de demandantes de acuerdo com El vigor de SUS reclamaciones!"[55].

54 COOTER; ULEN, p. 521.

55 Obra citada, p. 523.

5.3. JULGAMENTOS OBJETIVAMENTE SEGMENTADOS

Na nossa tradição processual, o julgamento segmentado dos pedidos não era majoritariamente[56] reconhecido. Esse panorama, que era estruturado em função da teoria da unidade da sentença, impunha, assim, o julgamento unitário dos pedidos.

Após a reforma promovida pela Lei 11.232/05, passou o dispositivo que regulava o conceito de sentença (art. 162, §1º do CPC/73) a estabelecer que o ato judicial "sentença" é definido a partir da ocorrência de qualquer das situações previstas no art. 267 e 269 do antigo diploma. Esses dispositivos também foram alterados pela mesma norma.

Tais dispositivos tiveram seu núcleo mantido no CPC de 2015, sendo o conceito de sentença previsto no atual art. 203, §1º, remetendo aos artigos 485 e 487, que trata, respectivamente, de sentenças terminativas (sem resolução de mérito) e definitivas (com resolução de mérito).

O atual art. 485 continua tendo como eixo de análise a aptidão para o encerramento do processo. Como se pode observar, o enfoque do dispositivo foi mantido, caracterizando tais sentenças como aquelas que promovem a extinção do processo sem que o pedido seja resolvido.

A extinção do processo, nas situações elencadas, decorre do controle de regularidade do processo e da desincumbência dos deveres das partes em concorrer, efetivamente, para a oferta do pronunciamento judicial.

Em tais situações, ocorre o que a doutrina, já desde o CPC passado, convencionou chamar de sentenças meramente terminativas, pois, como analisa Fredie Didier Jr.:

> Quando reconhece existente qualquer das causas constantes no rol do art. 267 do CPC, o juiz constata a impossibilidade de julgar/resolver o pedido do demandante. Profere, neste caso, decisões terminativas ("sentenças processuais")[57].

---

56 É notável o pensamento de Ovídio Batista da Silva que já mesmo antes da reforma defendia essa possibilidade. Ver a respeito as obras "*Da sentença Liminar à Nulidade da Sentença.* Rio de Janeiro: Forense, 2002"; e "*Sentença e Coisa Julgada.* 4 ed. Rio de Janeiro: Forense, 2006".

57 DIDIER JR, Fredie. *Curso de Direito Processual Civil, v1.* Salvador: Juspodivm, 2006, p. 461

Tais decisões, assim, estavam e estão preordenadas para impedir que o processo alcance seu resultado natural – que é a apreciação do pedido – quando evidenciada qualquer das situações previstas.

Esse sistema de extinção, como resultado de controle processual pelo Juízo, não foi modificado com as últimas reformas.

Ao contrário da hipótese tratada, a reforma realizada no art. 269 do CPC 1973 teve grande importância processual.

A redação anterior do dispositivo, seguindo de perto a do antigo art. 267, estabelecia que a extinção do processo se daria em função da análise do mérito nas situações ali previstas. Como se observa, o conceito de julgamento era central na formulação teórica do artigo.

O julgamento, no sentido *próprio*, pressupõe a existência de uma decisão que aplique ao caso concreto uma norma jurídica, quer sob a forma de uma regra de direito, quer sob a forma de um princípio, ou mesmo ambas[58].

O julgamento, assim, está corporificado na sentença, e representa a resposta estatal ao pedido formulado pelo autor. Nesse sentido, Luiso anota que: "*La sentenza di mérito constituisce l´ipotesi fisiológica: essa è il corrispondente speculare della domanda.*"[59]

Assim, o julgamento pressupõe a aplicação de uma norma a uma situação conflituosa por ato do juiz. A esse respeito, comentando o antigo art. 269 do CPC de 1973, Moniz de Aragão assinala que: "Em qualquer das distintas situações previstas, o processo se extingue, mas nem sempre em virtude de um julgamento, no sentido de compor a lide por ato do juiz"[60].

O núcleo do dispositivo estava ligado à aptidão da decisão para promover a extinção do processo em detrimento da efetiva análise do pedido. Tanto é assim, que Moniz de Aragão destaca que "nem todas as hipóteses nele figuradas são de 'julgamento', pois algumas há em que isso não acontece, uma vez que a lide, em vez de composta pelo Estado, através da sentença, é composta pelos interessados por ato próprio"[61].

Logo, percebe-se, que o elemento julgamento – atividade estatal de oferta de uma solução a um conflito – era tributário do elemento maior, que era a capacidade de promover a extinção do processo.

---

58 DWORKIN, Ronald. *Levando os Direito a Sério*. São Paulo: M. Fontes, 2002, p. 35.

59 LUISO, Francesco. *Istituzioni de Diritto Processuale Civile*. Torino: G. Giappichelli Editore, 2003, p.132.

60 MONIZ DE ARAGÃO. *Comentários ao Código de Processo Civil*. Rio de Janeiro: Forense, 2004, p. 463.

61 Obra citada, v.2, p. 463.

Esses dois elementos efetivamente formavam o conceito de sentença de mérito no regime anterior, mas não se pode deixar de reconhecer que a ênfase ao fator extintivo era claramente definível. Basta uma leitura superficial do art. 162, §1º, CPC/1973, anteriormente à lei 11.232/05 ("Sentença é o ato pelo qual o juiz põe termo ao processo, decidindo ou não o mérito da causa") para se comprovar essa diversidade de peso.

De todo o modo, a redação em questão, a despeito desta diversidade, previa uma relação inexorável entre esses dois polos do conceito, isto é, a apreciação do pedido (julgamento do mérito) levava forçosamente à extinção do processo.

Desse modo, Nery Jr., com perspicácia, apontava que a decisão que examinava qualquer das matérias referidas pelo art. 269, CPC/1973 somente poderia ser entendida como sentença "dentro do sistema do CPC, se tiver aptidão para extinguir o processo"[62].

Logo, o conceito de sentença estava relacionado à ocorrência da análise do pedido, articulada com a capacidade de gerar a extinção do processo.

Esse panorama foi radicalmente alterado pela Lei 11.232/05, entendimento este também adotado pelo CPC de 2015.

A redação final do art. 162 do CPC de 1973 dizia que seria sentença de mérito aquela que decidisse qualquer das situações previstas no correspondente art. 269, este, por sua vez, expressava apenas que "haveria resolução de mérito" em qualquer das hipóteses ali previstas.

O dispositivo, assim, exclui do conceito de sentença a dependência do elemento que representava a relação necessária com a correspondente extinção do processo.

Em outras palavras, a partir da reforma mencionada e no atual CPC, o conceito de sentença de mérito está centrado no exame do pedido, ou nas situações que foram ficcionalmente assemelhadas a ele, e não mais no resultado extinção do processo.

Isso quer dizer que, pela atual redação prevista no art. 203, §1º, a análise do mérito poderá ou não levar à extinção da causa.

---

62 NERY JR., Nelson. *Código de Processo Civil Comentado*. São Paulo: RT, 2003, p. 639.

Pode-se afirmar, assim, que o atual sistema parte do pressuposto de que qualquer ato judicial que decida as matérias fixadas pelo art. 487 deve ser considerado como sentença de mérito.

No mesmo sentido, o atual sistema estabelece que a sentença de mérito não determina inexoravelmente a extinção do processo.

Desse modo, havendo multiplicidade de pedidos, por cumulação ou mesmo por cisão de um pedido singular, a resolução de um deles não determinaria a extinção do processo, sendo possível o seu prosseguimento até que houvesse o julgamento integral de todos os demais.

Essa conclusão, embora preliminarmente aceitável, contraria uma noção clássica bastante assentada na doutrina, que é a da unidade da sentença, temática a ser pontuada, a seguir.

Ao tratar da unidade da sentença, Dinamarco apontou que a cisão do julgamento, ou seja, a possibilidade da análise, em momentos diversos, de questões de mérito, sem levar à extinção do processo, é "absolutamente contrária ao sistema, porque todas as questões relacionadas com o mérito devem ser julgadas em um ato só"[63].

O grande processualista paulista apontava como fundamento direto da sua posição dois dispositivos legais do CPC de 1973: o art. 459 e 458, II, bem como a lição de Liebman, de que esse tipo de julgamento somente pode ocorrer quando autorizado por Lei.

Demonstrado que essas objeções não são consistentes, poder-se-ia concluir que a teoria da unidade da sentença foi claramente superada pelas reformas legais.

Desse modo, torna-se necessária a análise de cada um dos fundamentos para verificar se são efetivamente convincentes.

O primeiro dispositivo invocado como fundamento é o antigo art. 459 do CPC/73. Esse artigo indica que o juiz deverá, quando efetuar o julgamento no sentido próprio a que antes nos referimos, deverá acolher ou rejeitar o pedido. Tal dispositivo tem seu núcleo mantido no art. 490, do atual diploma processual civil.

63 DINAMARCO, Candido Rangel. *Instituições de Direito Processual Civil, v.3*. São Paulo: Malheiros, 2002, p. 668.

Ora, a norma exige apenas que, ao apreciar o pedido, o juiz ou o acolha ou o rejeite, total ou parcialmente. Isto não implica, nem sequer sugere, que isso tenha que ser feito necessariamente em uma única sentença.

Existindo multiplicidade de pedidos, cada um deles deverá ser tomado de forma autônoma, se a sua natureza permitir, demandando cada um o seu julgamento total ou parcial.

Desse modo, o dispositivo não é em nada incompatível com a atual disposição do sistema legal.

O segundo fundamento do argumento é o antigo art. 458, II, CPC/73. Essa disposição legal é bastante conhecida por fixar os elementos estruturais da sentença que, em última instância, está ligada à exigência de demonstrabilidade do raciocínio judicial.

Esse dispositivo também não oferece qualquer base convincente contra o que demonstramos. Se os pedidos estão aptos a ser julgados de modo autônomo, logicamente, cada decisão deverá ser estruturalmente perfeita.

O dispositivo, assim, é compatível e apoia o atual sistema legal. Tanto é assim, que foi transcrito, *ipsis litteris*, para o atual CPC, sendo seu art. 489, II.

Logo, não parece haver uma objeção realmente sólida contra a conclusão a que antes chegamos, pelo contrário, tais aspectos apenas confirmam que a tese da unidade da sentença não encontra mais o menor respaldo teórico ou legal; e isto desde antes do CPC de 2015.

Como demonstramos, a tese da unidade da sentença não se sustenta mais diante da reforma do ordenamento processual, porém é necessário o estabelecimento de algumas reflexões restritivas.

A primeira observação é que a possibilidade de julgamentos cindidos, apesar de genericamente permitida pelo novo sistema, depende, porém, de que os pedidos formulados sejam efetivamente autônomos.

Isso quer dizer que pedidos incindíveis não são suscetíveis de julgamentos em separado. É que esses pedidos, embora sejam aparentemente diversos, devem ter tratamento processual homogêneo.

Em outro estudo[64], a respeito da proteção à coisa julgada parcial, apontou-se que a incidência de cargas de eficácia diferenciadas depende da

64 DIAS, Jean Carlos. A proteção à coisa julgada parcial no processo civil brasileiro. *Revista Gênesis de Direito Processual Civil*. n. 34. Ano IX. out./dez. 2004, p.726.

cindibilidade da decisão, o que, guardadas as devidas proporções, aplica-se ao presente caso.

A segunda observação é que no processo civil italiano permite-se o julgamento cindido no julgamento perante o Tribunal, nos moldes que nossa legislação atual adota para o processo no primeiro grau de jurisdição.

Essas decisões, porém, a despeito de serem consideradas como sentenças, são tidas por não-definitivas, porque insuscetíveis de gerar a extinção do processo. A esse respeito, a edição de 2002 do Manuale di Diritto Processuale Civile de Liebman[65] aponta que: "*Non definitiva è invece la sentenza che non definisce il giudizio, cosiché il processo debba continuare dopo la sua pronuncia (cfr. Art. 279, secondo comma, n. 4); com essa il giudice decide uma parte della matéria controversa*" .

A terceira observação é que, no sistema italiano, em tais situações, o julgamento parcial somente é admissível quando o pedido estiver maduro. A esse respeito, Tarzia analisa que:

> *potrà infine accadere Che, delle più cause cumulate, non tutte siano mature per la decisione. In tal caso il giudice púo decidere quelle Che appaiono già sufficientemente instruite (...) derrogando cosi allá regola secondo la quale, nelle ipotesi di cumulo di domande soggetivo (...) od oggetivo (...) la decisione do tutte le controversie cumulate deve aver luogo com un' única sentenza Che definisca il giudizio.*[66]

Para efeito processual, a maturidade da causa depende da verificação da necessidade de instrução probatória. Assim, somente quando o pedido for de direito, ou sendo de direito e de fato, mas este for demonstrado por meio pré-constituído, estará a causa madura para o julgamento autônomo.

De resto, essa condição de maturidade é bastante conhecida, uma vez que o art. 1.013, §3º, I, do nosso atual CPC, consagra método semelhante ao analisar a possibilidade de julgamento pelo Tribunal das causas extintas sem julgamento do mérito.

65 LIEBMAN, Enrico Túlio. *Manuale de Diritto Processuale Civile*. Milano: Giufré Editore, 2002, p. 219.

66 TARZIA, Giuseppe. *Lineamenti Del Processo Civile di Cognizione*. Milando Giufrè Editore, 2002, p. 237.

5.4. CONCLUSÕES

Diante da clara admissão do julgamento segmentado no nosso sistema processual, resta saber se, do ponto de vista da análise econômica, ele se justifica.

Na seção anterior argumentou-se que a segmentação subjetiva minimiza o custo social do processo, pois racionaliza o seu curso de modo que a decisão judicial torna-se mais célere e com menor risco de erro em função da especialização do tratamento das partes em demandas coletivas.

Esse mesmo fundamento aplica-se ao presente caso. Do ponto de vista social, a resolução sucessiva dos segmentos do pedido, à medida que vão se tornando maduros para o julgamento, viabiliza a redução do custo social, pois é possível a oferta progressiva da prestação jurisdicional à proporção que as frações da demanda vão sendo apreciadas.

Do ponto de vista do autor, que é quem exerce o acesso à justiça, a entrega da parte da demanda é muito mais satisfatória que a imposição de desfecho único, sobretudo em função da possível maturidade dos pedidos no curso processual.

Não é racional fazer com que o autor que já tem condições de ter parte da sua demanda apreciada aguarde por um julgamento futuro e, normalmente, carecedor de uma grande dilação temporal.

Do ponto de vista da análise econômica, o custo social com o prolongamento do processo recomenda a segmentação.

Tanto quanto isso, a segmentação tende a favorece a possibilidade de acordos. Se o réu assume que a condenação pode acontecer antes do final do processo, é racional que procure analisar os pedidos feitos pelo autor sob a lógica da segmentação, admitindo a possibilidade de transacionar acerca desses pedidos de forma isolada, a fim de evitar a imposição prévia desses pedidos caso julgados progressivamente.

De todo modo, a maturidade que o julgamento segmentado exige faz supor que há uma previsibilidade maior do seu desfecho o que levaria a uma maior consideração quanto a saídas negociadas.

O julgamento unitário, em sentido contrário, projeta integralidade das imposições para o futuro (em um único momento), fazendo com que o requerido não tenha qualquer interesse em transacionar a respeito de partes da demanda.

Por esse motivo, a análise sugere que a adoção dos julgamentos segmentados é claramente mais eficiente do ponto de vista da solução dos conflitos que o modelo dos julgamentos unitários.

Capítulo

6

A TRANSAÇÃO COMO ALTERNATIVA À DEMANDA - ANÁLISE ECONÔMICA

6.1. A EXPOSIÇÃO DO PROBLEMA

A análise econômica do direito se recusa a admitir que os custos do processo sejam ignorados pelas partes e pela sociedade. Por essa razão, há um esforço centrado em esmiuçar as possibilidades de transação como meio real de obtenção da solução do conflito.

A transação poderá ser obtida antes do juízo ou depois de proposta a ação. Pode ocorrer, inclusive, uma exigência de prévio esgotamento de uma instância de negociação, constituindo-se como requisito para a admissibilidade da ação. Tal temática ganha força atualmente com o assoberbamento de demandas, especialmente nos juizados especiais, e com os mecanismos virtuais de solução de conflitos.

No caso brasileiro, as transações resolutivas de conflitos são realmente escassas frente ao universo de ações que tramitam nos Tribunais. Por que as transações ocorrem tão esporadicamente?

Esse questionamento é tradicionalmente abordado pela análise econômica do direito procurando estabelecer em que ponto o acordo pode se tornar factível ou mesmo em que situações ele dificilmente ocorrerá.

Neste capítulo, abordar-se-á exatamente a probabilidade de ocorrência de transação e como isso repercute na propositura de ações perante os órgãos judiciários e se é possível sugerir algum procedimento que estimule a negociação.

6.2. O MODELO DE CRENÇAS EXÓGENAS

Ao admitir a possibilidade de buscar a solução de um conflito no âmbito judiciário, as partes deixam de lado, no sistema brasileiro, a possibilidade de uma transação extintiva. Muitas vezes o recurso ao Judiciário significa um indicativo de que a situação está fora das possibilidades de negociação.

Em geral, no sistema norte-americano, a preparação de um caso não impede ao mesmo tempo a concepção da estratégia de acordo extrajudicial. Como bem apontam Kerley, Hames e Sukys: "*Often settlement negotiations are conducted simultaneosly with active preparation of the lawsuit*"[67].

A conjunção de esforços em direção ao processo e à transação é uma tradição da atuação advocatícia dos Estados Unidos, estimulada também por uma criteriosa e bem fundada reflexão quanto aos elementos essenciais de um conflito.

A análise econômica do direito fornece alguns elementos importantes para a estruturação de hipóteses quanto à previsibilidade de uma transação.

No modelo das crenças exógenas, parte-se da constatação de que, se ambas as partes estão dispostas a recorrer ao Judiciário, suas expectativas de resultado foram ponderadas pelos custos do processo e pela avaliação da probabilidade de vitória.

Nesse exato sentido, Shavell aponta que "*If the parties do not reach a settlement, we will assume that they go to trial, that is, that the court will determine the outcome of their case*"[68].

Quando as partes são incapazes de chegar a um acordo a respeito de uma situação litigiosa, o que ocorre é que elas não conseguem definir inicialmente a força relativa de suas posições; por isso, é conveniente transferir o resultado dessa avaliação para o órgão judiciário.

Nesse sentido, a propositura da ação faz supor que o demandante calculou que a probabilidade de vitória menos os custos do processo são positivas. Naturalmente, a probabilidade da vitória, como vimos nos capítulos

---

67 KERLEY, Peggy; HAMES, Joane Banker; SUKYS, Paul, *Civil Litigation*. New York: Thomson Delmar Learning, 2005, p. 355.

68 Obra citada, p. 401.

anteriores, está fundada em diversos fatores tais como a jurisprudência, a literatura especializada, etc.

Pode-se afirmar, assim, que, se as expectativas de vitória forem negativas, isto é, se o resultado da subtração dos custos dos processos da probabilidade de êxito não for compensatório, o demandante não proporá a ação.

Para definir a motivação da parte que propõe a ação é necessário, portanto, estabelecer como estão construídas suas expectativas, uma vez que a partir desse patamar é que se poderá prever a possibilidade de realização de um acordo.

De outro lado, para a parte demandada o raciocínio será equivalente. Qualquer possibilidade de transação ficará adstrita ao cálculo decorrente de suas expectativas, levando em consideração a probabilidade de derrota e os custos do processo.

Desse cenário resulta que, segundo o modelo das crenças exógenas, só existe possibilidade de acordo se as propostas formuladas estiverem entre o valor que o autor pretende receber, baseado na probabilidade de vitória e excluídos os custos do processo, e o valor que o demandado estaria obrigado a pagar, baseado na probabilidade de derrota e excluídos os custos de sua defesa.

Desse modo, fica evidente que a probabilidade do resultado esperado é determinante para a fixação da possibilidade de uma transação judicial ou extrajudicial. Do mesmo modo, o desencaixe de recursos para a apresentação da demanda e para a defesa são fatores essenciais nesse tipo de análise.

Esse modelo analítico é imperfeito, pois presume que ambas as partes tem as mesmas informações (simetria) a respeito da probabilidade de êxito/derrota, bem como acerca dos custos do processo.

6.3. O MODELO DE INFORMAÇÃO ASSIMÉTRICA

No modelo de informação assimétrica[69], a análise tende a ser mais realista porque toma como dado que as partes não estão no mesmo patamar informativo.

Em função disso, temos um cenário diferente do antes formulado, porque uma das partes não detém informação suficiente para calcular a probabilidade de sua reclamação frente à outra.

69 PATRÍCIO, Miguel Carlos Teixeira. *Análise Econômica da Litigância*. Coimbra. Almedina, 2004, p. 55.

Em outro estudo, a respeito do tema, foi sustentado que:

> Dentro do cenário em que um indivíduo deverá escolher entre litigar ou estabelecer um acordo, é relevante a percepção do grau de informação detida por cada parte litigante. Uma das formas de categorizar esse cenário é o ambiente de "informação assimétrica". Neste há entre as partes "assimetria de informações", termo que fora emprestado da teoria econômica e que, nos dizeres de Rodrigues (2011) ocorre quando: [...] dois ou mais agentes econômicos estabelecem entre si uma transação econômica com uma das partes envolvidas detendo informações qualitativa ou quantitativamente superiores às da outra parte (RODRIGUES, 2011, online). Desse modelo, extrai-se que o autor e o demandado possuem expectativas diferentes quanto à decisão judicial final, que lhes será ou não favorável. Essas expectativas são distinta porque um deles detém informações qualitativa ou quantitativamente maiores que a contraparte, fazendo com que as avaliações de resultado sejam claramente diferentes. Nesse sentido, o contexto em que a assimetria de informações está presente constitui-se como estímulo demandista, visto que as partes não terão condições concretas de avaliar corretamente a expectativa de resultado. Logo, a assimetria de informações prejudica a realização de acordos. Segundo Cooter e Ulen (1999), o fato de que um litigante possua uma informação privada que o outro não detenha fará com que ambos sintam-se relativamente otimistas, em que, o demandante esperará por uma decisão final que condenará em valor vultoso o demandado, o qual, por sua vez, aguardará por uma condenação baixa, o que faz com que seja mais difícil haver um acordo e mais provável será o julgamento. Shavell (2004) expõe que, por mais que haja uma oferta de acordo que seja benéfica para todas as partes, a autocomposição não será alcançada, devido à assimetria de informações. Outrossim, a transmissão de más notícias é benéfica para os acordos. Pode-se chegar a essa conclusão visto que se os danos e/ou a precaução do réu forem sobrestimados, pelo demandado e pelo demandante respectivamente, a tendência é que haja autocomposição. Verifica-se que, antes do julgamento, as partes possuem incentivos para compartilhar informações. Esse compartilhamento é voluntário, sem que a lei obrigue. Cooter e Ulen (1999) afirmam que as partes tendem a revelar informações voluntariamente com o intuito de corrigir o falso otimismo da outra parte, desta forma, promovendo acordos. Diante disso, a correção do falso otimismo é a razão econômica para que haja o compartilhamento voluntário de informações. Diante disso, Shavell (2004) afirma que quando o indivíduo está disposto a compartilhar informações privadas, a assimetria de informações inicial não levará as partes a julgamento, visto que os incentivos que as partes têm para revelar

informações tendem a ocasionar divulgação voluntária de informações, acarretando na provável autocomposição. Ocorre que em determinadas situações o compartilhamento voluntário não é interessante, fazendo com que os sujeitos ocultem parte de seu conhecimento de seu adversário. Para Coter e Ulen, "(...) las partes tienden a ocultar una información que corregiría el pessimismo de la outra parte y así promueven los arreglos" (COOTER e ULEN, 1999, p. 498), isto porque a transmissão de tal informação lhes seria prejudicial, fazendo com que a as condições do acordo piorem para si e a possibilidade de autocomposição fique mais distante. Shavell (2004) traz duas situações principais em que não poderão ser exibidas determinadas informações. A primeira ocorre quando não se pode compartilhar a informação de forma credível, em que não se consegue comprovar de maneira prévia e plausível a existência e/ou a extensão desta. Desta maneira, continuará imperando a assimetria de informações, o que abre a possibilidade para que o demandado tenha certo otimismo e tenha uma expectativa equivocada quanto ao final do processo. Para Shavell (2004), a impossibilidade de compartilhamento de informações de forma credível acarretará em um efeito: os indivíduos que permanecem em silêncio, apesar de terem capacidade de agir de outra maneira, serão beneficiados com ofertas de acordo em valores superiores aos eventualmente oferecidos caso o réu soubesse que os danos foram menores em relação ao que acreditava. Essa falsa previsão decorre do fato de que o réu confunde aquele que escolheu omitir informações com aquele que não o faz por que não tem capacidade de transmitir informações de forma credível. Já a segunda situação principal, em que não poderão ser exibidas determinadas informações, é o caso de que se houver o intercâmbio, o adversário poderá contrapor a informação no curso do processo, desde que tenha o conhecimento desta previamente, fazendo com que o valor inicialmente considerado pela parte, que contém a informação, diminua. Ademais, além do intercâmbio de informação voluntário, há o intercâmbio de informação involuntário, o qual ocorre, segundo Cooter e Ulen (1999), quando uma das partes descobre informação ocultada pelo seu adversário. Nos Estados Unidos, há um procedimento que deve ser seguido antes que a demanda seja submetida ao exame do juiz, cuja denominação é *discovery*. Nessa fase, haverá a revelação involuntária de informações privadas[70].

70 DIAS, Jean Carlos; TUPINAMBÁ, Piera da Rocha Martins. O cenário da assimetria de informações e seus impactos no instituto da mediação, sob a ótica da análise econômica do direito. *In* DIAS, Jean Carlos; BRITO FILHO, José Claudio Monteiro de; MOUTA, José Henrique (Organizadores). *Concretização dos Direitos Fundamentais e sua Fundamentação Abordagens a partir da teoria do processo, da análise econômica e das teorias da justiça*. Rio de Janeiro: Lumen Juris. 2017, p. 158.

Diante dessa situação, a parte com déficit de informação tomará as atitudes e condutas da outra como fator determinante para a formulação de seu patamar mínimo de proposta de solução.

Isso ocorre porque a parte deficitária sabe que, se a outra parte recusar a oferta, inequivocamente estará usando seu melhor padrão informativo para avaliar e desqualificar a força da reclamação. Em sentido contrário, a aceitação da proposta leva ao efeito exatamente inverso, qual seja, a parte bem informada avalia e qualifica previamente como forte a pretensão para, então, aquiescer à proposição.

Logo, somente será possível a realização desse acordo nesse cenário quando o demandado, servindo-se do seu patamar informativo superior, estabelecer que a probabilidade de derrota justifica a transação.

Quando isso não ocorrer, a expectativa da vítima fica adstrita à probabilidade de êxito com a redução de seus custos de proposição da demanda.

6.4. A AVERSÃO AO RISCO E EFEITO DOTAÇÃO

Os dois modelos podem ser redefinidos se uma das partes envolvidas apresenta excessiva aversão ao risco. Isso porque a aversão ao risco gera um estímulo suplementar para a realização do acordo.

As situações de aversão ao risco podem ser definidas tanto por conduta das partes como por gerarem o risco de produção de contaminação setorial. No caso do sistema financeiro nacional, por exemplo, a derrota ao exigir um tipo de crédito pode gerar a obrigação de considerar o conjunto dos direitos da mesma espécie como duvidosos, o que promove uma aversão natural ao risco e uma menor disponibilidade de transação.

Quando ocorrer a aversão ao risco, poderá o demandante aceitar valor inferior ao resultante da probabilidade de êxito, debitado os custos do processo e, no caso do demandado oferecer valor superior a sua expectativa baseada na probabilidade de derrota, debitados os seus custos do processo.

Outro aspecto, que gera uma resistência irracional à transação deriva do efeito dotação. A esse respeito, em evento nacional, apresentou-se trabalho que traz reflexões que influenciam a análise do tema:

> Vimos acima que, quando tomamos decisões, fazemos inferências a partir de nossa perspectiva. Ou seja, nosso ponto de vista dentro de um contexto temporal e espacial interferem em como escolhemos agir ou não agir. Vimos, por isso, que um modelo ideal, por mais abstrato que

ele seja, precisa levar em conta, minimamente, uma descrição realista do comportamento humano para que ele, para além de crível, seja possível. Assim, ao se tentar resolver um problema onde a negociação é um fator chave, é fundamental que se avalie a perspectiva de cada parte para que se possa verificar qual o valor que cada um dará ao seu possível ganho e possível perda. Achar, como Coase, que fazer com que uma parte pague a outra para se impedir o dano traga uma situação de ganho para ambos ignora o conceito de aversão à perda, ou como diz Kahneman (2012, p. 362): "O papel da aversão à perda ao negociar também fica bem entendido: fazer concessões dói", pois "as desvantagens de uma mudança assomam como maiores que suas vantagens" (KAHNEMAN, 2012, p. 363). Disto não decorre que toda mudança é ruim ou que nunca iremos achá-la vantajosa, mas que existe a tendência à acomodação com o presente conforme prevê o viés do status quo comprovado por Kahneman, Knetsch e Thaler (1991, p. 1328, tradução nossa). Neste sentido, um desenvolvimento da aversão à perda e, por consequência, da teoria da perspectiva é o efeito dotação. Segundo Daniel Pi et al (2014, p. 149, tradução nossa): "O efeito doação é motivado por uma espécie de aversão à perda; observa-se que os indivíduos valorizam sistematicamente um item que eles têm mais do que pagariam para adquirir o mesmo item se não o tivessem". Assim, indivíduos tendem a sobrevalorizar seus pertences, a colocar um preço mais alto do que aquele previsto no mercado. E se por ventura o fizer pelo preço de mercado sairá com o sentimento de perda, de que não lhe foi dado um preço justo. Uma consequência do efeito dotação, aplicada ao direito, é explicada por Russel Korobkin (2014, p. 301, tradução nossa), no qual "a mesma pessoa frequentemente exige um preço mais alto para vender um direito que faz parte de sua posse do que ele vai pagar para o mesmo direito, se não fizer parte do seu porte", de onde se infere que o livre mercado não irá influenciar tanto a troca de direitos, tal qual previu Coase (KOROBKIN, 2014, p. 301). Em outras palavras, o preço para a vontade de pagar (willingness to pay) é, em geral, menor do que o preço para a vontade de aceitar (willingness to accept). É neste mesmo sentido que afirma Júlio Lobão (2012, p. 110) de que existe "(...) uma propensão para exigir um maior valor para se desfazer de um bem que já se possui do que aquele que está disposto a oferecer para o adquirir.". Isto se explica porque "como se dá a aversão à perdas, a venda do bem tem que ser compensada por um montante superior àquele que se estaria disposto a pagar para o adquirir." (LOBÃO, 2012, p. 110) Além disso, neste efeito, segundo Korobkin (2014, p. 304, tradução nossa): "Quanto mais difícil for

> para indivíduos comparar dois itens numa proposta de troca, maior o efeito dotação tenderá a ser". No mesmo sentido, o efeito também tende a aumentar na medida que for mais difícil encontrar um substituto semelhante ao bem em negociação (KOROBKIN, 2014, p. 305). Na prática, Kahneman, Knetsch e Thaler (2000, p. 1328, tradução nossa) explicam que: (...) se um bem é avaliado como uma perda quando é entregue e como uma perda quando é adquirido, a aversão à perda irá, em média, induzir a valor maior de dólares para proprietários do que para potenciais compradores, reduzindo o conjunto de negociações mutualmente aceitáveis. Para os autores (KAHNEMAN et al, 2000, p. 1339, tradução nossa), portanto: "O efeito dotação resulta da diferença entre as preferências relativas para o bem ou para o dinheiro." Isto é, a forma como se avalia um bem da qual se é dono sofre interferência de sua perspectiva também porque há dificuldade de colocar esse valor subjetivo em um valor monetário nominal. No direito, isto é ainda mais importante em virtude da carga emocional a qual a disputa por um bem traz. Thaler (2019, p. 273) expõe o quanto em uma situação jurídica as pessoas naturalmente ficam aborrecidas com as outras e que, muitas vezes ficam zangadas a ponto de não querer dialogar com o outro, chegando ao ponto de, em uma possível negociação, até querer castigar a outra parte caso ache que recebeu uma oferta injusta[71].

Logo na análise dessas situações de possível composição os agentes envolvidos devem estar atentos para os impedimento ou obstáculos que devem ser superados para a busca de uma solução consensual de uma demanda.

A desconsideração desses aspectos intrínsecos pode, desde logo, inviabilizar a possibilidade de cooperação em direção a autocomposição, fazendo, assim, persistir a litigiosidade ainda que, racionalmente, não existam motivos para tal.

---

71 DIAS, Jean Carlos; SOUZA JÚNIOR, Geraldo Magela Pinto de. A crítica da economia comportamental à teoria coasiana dos custos sociais: a relevância do efeito dotação em negociações. *In Direito, economia e desenvolvimento econômico sustentável* [Recurso eletrônico on-line] organização CONPEDI/CESUPA Coordenadores: Ana Elizabeth Neirão Reymão; Lair da Silva Loureiro Filho; Jorge Luiz Oliveira dos Santos – Florianópolis: CONPEDI, 2019.

6.5. A TRANSAÇÃO DO DIREITO PROCESSUAL CIVIL BRASILEIRO

O atual Código de Processo Civil Brasileiro considera a transação como uma das hipóteses de resolução do mérito com aptidão para promover a extinção da ação proposta (art. 487, III, b). Nesse caso, a transação equivale tecnicamente à oferta de decisão pelo Poder Judiciário.

A despeito dessa qualificação, a transação é relativamente incomum no cotidiano forense civil. Supõe-se que uma das possíveis causas para esse panorama é a assimetria de informações.

Em geral, as partes, no direito processual brasileiro, apenas revelam seus fundamentos na fase postulatória, isto é, quando são deduzidos os argumentos de ambas em peças argumentativas escritas.

No CPC de 1973, o ato que sucedia essa fase postulatória era exatamente a audiência preliminar, que contemplava um momento de tentativa de conciliação específico que já vinha sendo reduzido, em função de seu insucesso, pelas sucessivas reformas do Código de Processo Civil.

Por sua vez, o CPC de 2015 criou a audiência de conciliação ou mediação, em seu art. 334. Antes mesmo de o réu apresentar a sua contestação haverá um momento para se tentar transacionar. Este novo ato processual demonstra a opção do diploma processual civil em prestigiar a solução consensual do conflito.

Muitas vezes a conciliação não ocorre porque a exposição dos fundamentos, no caso brasileiro, não tem o condão de corrigir as expectativas das partes, o que seria de se esperar. Tendo cada uma das partes acesso à motivação da outra, seria de se supor que isso promovesse uma revisão dos fundamentos particulares e uma possível alteração da conduta processual. A audiência de conciliação ou de mediação tem a possibilidade de reduzir esta assimetria de informações.

Curiosamente, a escassez das transações seja na audiência específica, seja posteriormente, demonstra que o conhecimento das bases da argumentação adversa não estimula a alteração do curso processual, independentemente da possibilidade de previsão do resultado da demanda.

Pensa-se que dois fatores diversos concorram para esse cenário, no mínimo, bizarro.

O primeiro fator diz respeito á formação profissional dos advogados brasileiros. Em geral o treinamento universitário é focado na preparação para o litígio e isso sugere que a revisão de ponto de vista significa um demérito na condução da estratégia processual.

Em função disso, os advogados, naturalmente, são inclinados a manter seus pontos de vista originários, mesmo quando demonstrado que seus fundamentos são frágeis e incapazes de sustentar as expectativas com relação ao desfecho da ação.

Essa postura, que já foi objeto de análise[72] específica, reflete-se também nas expectativas das partes envolvidas: quanto maior for a obstinação do advogado em rever seus pontos de vista, maior será a avaliação da probabilidade de êxito que a parte atribuirá à sua pretensão deduzida em juízo.

Naturalmente a condução da estratégia processual nesse sentido gera um excesso de otimismo que distorce a avaliação das expectativas, levando forçosamente à renúncia à possibilidade de acordo.

Especificamente acerca deste ponto, o atual CPC levanta a bandeira de formas diversas de solução de conflitos, como a arbitragem, conciliação e mediação (art. 3º,§§ 1º, 2º e 3º). O diploma processual busca reforçar a lógica de um processo cooperativo (art. 6º) e pautado na boa-fé (art. 5º). A própria educação jurídica caminha para uma lógica menos adversarial.

O segundo fator que concorre para a distorção das expectativas deriva da variabilidade excessiva das decisões judiciais no Brasil. Como são comuns decisões absolutamente divergentes sobre o mesmo tema, inclusive no âmbito dos Tribunais Superiores, o fato é que os advogados, muitas vezes, defendem teses contrárias absolutamente bem fundamentadas.

Quando o peso das argumentações é semelhante, quanto às suas bases técnicas, o acordo é claramente improvável, pois ambas as partes supõe serem as suas expectativas as preferenciais para o desfecho do processo.

O Magistrado funciona nesse último caso como um árbitro técnico-legal *ad-hoc*, uma vez que mesmo a solução dada estará sujeita à contestação em função dos argumentos suscitados por uma das partes.

Essa indeterminação levará forçosamente a uma manutenção de curso processual, buscando ambas as partes o julgamento, por serem incapazes de estabelecer de forma racional a força persuasiva dos fundamentos de suas pretensões. Nesse caso, pode-se afirmar que nenhum acordo será provável.

72 HUND, Heidi. *O combate moral*. São Paulo: M. Fontes, 2004.

Neste sentido, já se defendeu que:

> Como consequência de um precedente constantemente fortalecido, o desestímulo à litigância e a ampliação de acordos judiciais serão ainda mais fortalecidos. Não se trata apenas da questão da reverencia hierárquica que estimulará tais resultados, mas também à argumentação jurídica cada vez mais robusta, acerca dos temas diretamente relacionados aos casos concretos[73].

Ambos os fatores explicam a baixa taxa de transação nos processos brasileiros, mas apontam também para um outro efeito, que é aumento dos custos sociais.

A tramitação de processos cujo julgamento poderia ser previsto antecipadamente gera um custo supérfluo. O dispêndio de unidades de atividade judiciária em tais casos importa em esforço inútil que poderia ser minimizado.

6.6. CONCLUSÕES

A análise econômica do Direito aplicada ao processo judicial toma o litigante como um agente racional que calcula suas expectativas quanto à possibilidade de sucesso de seu empreendimento tendo em vista os custos envolvidos.

Somente quando a conciliação mostra-se compensatória do ponto de vista dos fatores antes expostos é que se pode considerá-la provável. Isso porque, como expõe Posner: "*la litigácion es uma invérsion además de um gasto*"[74].

Sendo tomada com um verdadeiro investimento, é natural que as partes, em um processo, procurem estabelecer os parâmetros de uma possível conciliação a partir dos possíveis dispêndios relacionados à propositura e manutenção de uma demanda judicial.

Em função do que foi argumentado, a transação no Brasil não foi devidamente ressaltada como objetivo a ser alcançado de forma sistemática por nenhuma das leis processuais, posto que há uma lacuna de concepção,

73 PEREIRA, Bernardo Augusto da Costa. *Os precedentes judiciais e a razoável duração do processo: uma análise a partir da teoria do direito como integridade de Ronald Dworkin*. Rio de janeiro: Lumen Juris, 2017, p. 88.

74 Obra citada, p. 860.

decorrente da sua possibilidade de implementação. O próprio CPC atual não parece levar em conta estas questões.

A única solução possível é atacar os dois fatores antes indicados. É preciso que seja revisto o perfil do profissional do direito, com a redefinição do papel da mediação e da arbitragem de modo que o perfil conciliador seja revitalizado, tanto nas universidades quanto na prática advocatícia, o que, aliás, não foi nem poderia ser alcançado pela lei brasileira de arbitragem. Aqui é o caso de um esforço corporativo.

As instituições de ensino de qualidade[75] já vêm revendo o papel dessas atividades em seus projetos pedagógicos, de modo a atender a esse problema específico, com a finalidade óbvia de redução dos custos sociais.

É sobretudo relevante ter em vista que demandas coletivas em que, em geral, existem direitos fundamentais em jogo, poderiam ser preferencialmente tratadas sob o signo da transação, de modo a evitar o custo altíssimo e o resultado costumeiramente insatisfatório que vem sendo alcançado em nosso país.

De outro lado, algumas alterações quanto à produção dos precedentes no Brasil têm relevante papel na redução da variabilidade das decisões, com possível resultado positivo na previsibilidade do desfecho das ações.

Pensa-se que, à medida que os Tribunais forem expondo de forma sistemática suas posições a respeito dos temas recorrentes, por meio de suas súmulas, por exemplo, é provável que as transações também aumentem, exatamente em função da possibilidade de aperfeiçoamento dos cálculos de expectativas em demandas judiciais.

Todavia, há outra questão a se considerar: aquele que possui o entendimento judicial a seu favor, tende a litigar caso seja mais lucrativo que o eventual acordo ofertado. Este aspecto também é influencia pela assimetria de informações. Será necessário encontrar um ponto de equilíbrio.

75 É o caso do Centro Universitário do Estado do Para - CESUPA.

Capítulo

7

A ANÁLISE ECONÔMICA DO PROCESSO DE VERTICALIZAÇÃO DAS DECISÕES JUDICIAIS

7.1. A APRESENTAÇÃO DO PROBLEMA

Um conjunto de reformas recentes tem expressado uma política institucional que tem por fundamento prestigiar os julgamentos produzidos pelos Tribunais Superiores, tornando-os de observância compulsória em algumas situações.

Essa tendência tem se revelado por meio de uma série de alterações legais e constitucionais que tem por escopo regular a produção dessas decisões, estendendo-as aos Tribunais inferiores, aos juízes e à Administração Pública.

Uma crítica que pode ser feita a essa política é que ela leva, sem ganhos perceptíveis, a uma restrição da capacidade criadora dos juízes, que reduziria a adequação das decisões à diversidade de situações apresentadas ao Judiciário.

O debate brasileiro a respeito, que envolve, entre outros, a produção das súmulas vinculantes, não tomou com a devida seriedade alguns aspectos que são claramente importantes na reflexão quanto à sua conveniência, tendo em vista nosso ambiente social e jurídico.

No presente capítulo, pretende-se acrescentar algumas reflexões acerca do tema, de modo a contribuir para sua qualificação.

7.2. A VERTICALIZAÇÃO DAS DECISÕES JUDICIAIS NO BRASIL

a) Na matéria Constitucional

O controle de constitucionalidade brasileiro tradicionalmente foi denominado como misto, em razão da possibilidade de se reconhecer a constitucionalidade de normas tanto por meio de interposição de recursos ou equivalentes recursais em demandas individuais (controle difuso), quanto por meio de propositura de ações junto ao Supremo Tribunal Federal (controle concentrado).

Quanto a estas últimas, seu resultado já oferecia uma qualidade de oposição geral denominado pela literatura especializada de efeito *erga omnes ou eficácia geral*[76]. Isso significa que o controle concentrado tem por foco não a resolução de um conflito entre pessoas em primeiro plano, mas sim uma oferta de interpretação compulsória de lavra da mais alta Corte, de modo a expandir-se por todo o sistema jurídico-político.

O efeito *erga omnes*, assim, encerra qualquer dissidência a respeito da aplicabilidade da norma objeto da atuação judicial constitucional, impondo um parâmetro de decisão. Esse marco decisório torna-se obrigatório, podendo, em caso de descumprimento, ser possível o desencadeamento de um conjunto de medidas processuais buscando a observância[77].

De um modo geral, o processo constitucional como veículo para a concretização do controle concentrado sempre foi capaz de promover uma adequação de todo o sistema, de modo a inviabilizar a multiplicação de demandas fundadas no objeto já analisado pela Corte Constitucional.

Quanto, porém, aos recursos individuais cuja natureza não sugeria o cabimento de ações de controle de constitucionalidade concentrado, a necessidade de oferta de solução caso-a-caso gerou, principalmente a partir da Constituição de 1988, uma demanda por atuação da Corte Constitucional de grande relevância.

Esse sistema inviabilizava o indeferimento de recursos extraordinários no mesmo sentido. O panorama de recursos idênticos tramitando ao mesmo tempo com a possibilidade de julgamentos diversos, possibilidade esta que muitas vezes se realizou, causava um estímulo recorrente de

76 MENDES, Gilmar Ferreita. *Jurisdição Constitucional*. São Paulo. Saraiva, 2005, p. 359.

77 Ver a respeito o excelente estudo de: GÓES, Gisele. Reclamação Constitucional. *In* DIDIER JR. Fredie. *Ações Constitucionais*. Salvador: Juspodivm, 2006.

demandas, uma vez que não se tinha como prever o resultado da atuação judicial.

O que se verificou então foi a concepção jurisprudencial de um conjunto de requisitos que inviabilizava a admissão desses recursos com a finalidade óbvia de reduzir a demanda dos Tribunais Superiores por meio de restrições técnico-processuais, muitas vezes injustificáveis senão por esse objetivo[78]. Tal técnica é conhecida como jurisprudência defensiva.

A partir desse movimento, pode-se identificar a tendência de restrição do acesso ao Tribunal Constitucional, seguindo-se, então, uma tática diversa à prévia demonstração para a admissão dos recursos da transcendência do seu tema.

A reforma legal realizada pela lei 11.417/06, a qual disciplina a edição, revisão e cancelamento de enunciado de súmula vinculante, passou a exigir que os recursos referentes à respeito da matéria constitucional necessariamente deveriam dizer respeito não mais à pretensão de revisão quanto à aplicação das normas referentes ao litígio apresentado inicialmente por partes em conflito, mas sim que esse caso tivesse relevância constitucional mais ampla.

Essa tendência no âmbito do controle de constitucionalidade fez uma rotação de finalidade do recurso extraordinário, que passou apenas a ser a base a partir da qual pode ser extraído um comando genérico capaz de operar o efeito *erga omnes* em situações similares à julgada.

A observação de André Ramos Tavares a respeito é precisa: "a essência da súmula vinculante, como criada pela EC 45/2004 e regulada pela Lei 11.417/06, está representada como uma forma de transposição do concreto para o abstrato geral"[79].

Desse modo, o que se observa é que a súmula vinculante, como introduzida no sistema brasileiro, permitiu a entrega de uma decisão a respeito, capaz de ser tida como de observância compulsória a partir das técnicas processuais calcadas no controle de constitucionalidade difuso.

Ao lado dessa tática, foi também introduzida a possibilidade de julgamento de recursos repetidos mediante a eleição de um *leading case* cujo resultado torna-se extensível aos similares, possibilidade que foi estendida

78 DIAS, Jean Carlos. A inaplicabilidade da tese da ofensa indireta aos casos de violação ao direito fundamental ao devido processo legal. *Revista Dialética de Direito Processo*. n. 48, mar. 2007, p. 35- 40.

79 TAVARES, André Ramos. *Súmula Vinculante*. São Paulo: Método, 2007, p. 13.

aos julgamentos pelo Superior Tribunal de Justiça, o qual será examinado com mais detalhe no tópico seguinte.

b) Na matéria infraconstitucional

Considerando as alterações pré CPC de 2015, no âmbito do julgamento da matéria infraconstitucional, foi de grande efeito a inclusão dos arts. 543-A, 543-B e 543-C no Código de Processo Civil de 1973, com a finalidade de regular o julgamento de múltiplos recursos idênticos.

Nesse caso, basicamente, a norma autorizava a eleição de um *leading case*, isto é, de um caso paradigma cujo resultado determinará o mesmo desfecho a todos os considerados similares a ele.

Essas alterações permitiram que um único julgamento proferido pelo Supremo Tribunal Federal ou pelo Superior Tribunal de Justiça seja ampliado para alcançar todos os demais recursos pendentes e idênticos.

Aos Tribunais inferiores caberia apenas o cumprimento da decisão que, ainda que não alcançasse o efeito geral, acabaria por impor uma solução comum a um conjunto de casos similares.

Henrique Mouta Araújo, em profundo estudo sobre o tema, à época, corretamente percebe que:

> As últimas reformas constitucionais e infraconstitucionais estimularam a manutenção e preponderância dos precedentes dos Tribunais Superiores. De fato, a previsão de súmula vinculante, súmula impeditiva de recurso e de reexame necessário demonstra essa tendência[80].

Tal lógica foi mantida e ampliada no diploma processual civil de 2015. Acerca dos recursos excepcionais repetitivos tal matéria passou a se regulada nos artigos 1.036 a 1.041, de forma mais aprofundada.

Trata-se, também aqui, de uma estratégia de verticalização das decisões judiciais, na medida em que os termos do julgamento proferido pelo Tribunal Superior expandem-se forçosamente aos demais casos.

O efeito imediato é reforçar a importância dos precedentes dos Tribunais Superiores e, ao mesmo tempo, compatibilizar o julgamento dos múltiplos recursos similares.

80 ARAÚJO, Jose Henrique Mouta. O julgamento de Recursos Especiais por amostragem: notas sobre o art. 543-C do CPC. *Revista Dialética de Direito Processual*. n. 65, ago. 2008, p. 55-63.

7.3. A TÉCNICA DOS PRECEDENTES E SEUS EFEITOS SOBRE AS DECISÕES DE INTERPOSIÇÃO DE DEMANDAS

A verticalização das decisões dos Tribunais Superiores, que é como se denominam as técnicas processuais que impõem o julgamento dessas Cortes às demais e à Administração Pública, tem, como vimos antes, o principal efeito de alcançar uma multiplicidade de casos cujo julgado se estenderá.

A despeito das possíveis críticas, que examinaremos na seção seguinte, é necessário pensar a respeito do tema tendo em vista a sua influência sobre a decisão de interposição de uma demanda.

Como se argumentou no capítulo anterior, a decisão de apresentar uma demanda depende essencialmente de uma análise de custos e benefícios e, por sua vez, a possibilidade de uma transação fica estruturalmente atrelada à consideração das expectativas que as partes construíram na elaboração de sua tática de satisfação de seus interesses.

Tomados esses aspectos como pontos de partida, podemos acrescentar que a indefinição no âmbito do Judiciário quanto ao tema possivelmente abordado por uma ação tem o efeito de impedir ou tornar muito difícil a avaliação da probabilidade de êxito de uma demanda.

Quando se demonstrou no capítulo anterior que as partes calculam a força de sua pretensão e a partir daí concebem a sua estratégia de ação, deixou-se de lado um aspecto essencial que examinamos agora: qual a influência dos precedentes nessa avaliação?

Quando, em um sistema jurídico, são permitidos, de forma ampla e irrestrita, julgamentos divergentes a respeito do mesmo tema, o efeito do ponto de vista do cálculo das expectativas é que nenhuma das partes terá condições reais de prever o desfecho de sua demanda.

Em situações institucionais como essa, a conduta racional é expor-se ao resultado favorável, pois, em ambiente de indefinição, a pior estratégia é a renúncia a uma pretensão, a não ser que os custos de interposição sejam proibitivos.

De outro lado, para um demandado, nesse ambiente é impossível calcular o risco de condenação, de modo que projetar uma condenação para o futuro é uma conduta processual razoável, em vez de buscar uma conciliação.

O cenário de decisões amplamente livres a julgamentos divergentes gera, assim, um estímulo à interposição de demandas e, por outro lado, incentiva a resistência, afastando qualquer intervalo de pretensões que possa viabilizar uma solução negociada.

Quando o cenário é transformado, isto é, quando passamos a um modelo institucional em que as decisões judiciais tendem a uma maior uniformidade, o efeito óbvio é que a informação a respeito do valor da pretensão/resistência torna-se mais claramente perceptível e, com isso, fica facilitado o juízo de revisão de expectativas.

A razão econômica sugere, assim, que a verticalização dos julgamentos tende a oferecer maior previsibilidade do posicionamento dos órgãos judiciários e, com isso, servir como base informativa para a concepção, por cada uma das partes, do valor relativo de suas pretensões.

Quando o cenário permite esse tipo de previsibilidade, é natural que as transações aumentem à medida que os fundamentos oponíveis tenham maior ou menor possibilidade de reconhecimento judicial.

Além desse efeito, a uniformidade de posicionamento sugere que a propositura de uma ação, a despeito de uma manifestação judicial prévia em sentido contrário, torna a demanda frívola, em função da oferta das condições de presciência.

A compatibilização dos julgamentos de uma forma coerente tem o efeito de reduzir o número de demandas à proporção que os precedentes fornecem informação confiável quanto ao desfecho de um eventual processo. Isso reprime a busca por unidades de atividade judiciária nos casos similares aos já apreciados[81].

Isso porque os precedentes verticais, no sentido em que temos usado a expressão, reduzem a incerteza orientando os jurisdicionados a respeito de seus direitos e deveres em situações juridicamente similares às já analisadas e decididas, tendo, assim, um efeito pedagógico dinâmico.

Um efeito final da verticalização das decisões diz respeito ao custo de uma decisão judicial.

Como já foi referido nos capítulos anteriores, a atividade judiciária é suportada economicamente pela sociedade.

Quando casos similares podem ser julgados por meio do resgate de uma decisão já proferida, o resultado imediato é que o custo social da

81 POSNER, Richard. Obra citada, p. 839.

produção do precedente (no caso inicialmente apresentado) é pulverizado por todos os demais processos em que o precedente puder ser aplicado.

Se for possível ainda oferecer uma solução imediata, mediante a aplicação do precedente, isto é, um julgamento inicial por recurso a uma posição jurisprudencial consolidada, por uma súmula vinculante ou pela existência de um julgamento em processos repetidos, por exemplo, o custo social será ainda mais reduzido.

A técnica de verticalização, assim, ao gerar precedentes de cumprimento obrigatório, economiza o dispêndio social que seria necessário para processar as demandas que dependeriam de julgamento, caso o a decisão anterior não existisse.

Nesse exato sentido, é mais eficiente do ponto de vista do custo social admitir e estimular a produção e observância dos precedentes que permitir o ambiente de ampla divergência.

Tais noções foram em certa medida adotadas pelo atual Código de Processo civil. O diploma processual buscou em diversos dispositivos legais desenvolver uma sistemática de respeito aos precedentes judiciais.

O art. 927 é claro ao estipular um rol de precedentes obrigatórios, incluindo as decisões do Supremo Tribunal Federal em controle concentrado de constitucionalidade; os enunciados de súmula vinculante[82]; os

82 A respeito do direito sumular: "Existe, especialmente na tradição inglesa, muita discussão e desacordo sobre o conceito de *ratio decidendi* e um método para extraí-la, de modo que nunca se chegou a um conceito ou método unívoco na doutrina. Ainda assim, a partir do cotejo entre as lições encontradas na doutrina inglesa, arriscamo-nos a dizer que a *ratio decidendi* pode ser considerada como a parte do precedente que pode ser aplicada a outros casos quando o caso em análise tratar das mesmas questões de direito e versar sobre fatos iguais ou similares aos do precedente. Duxbury (2008, p. 67-68) elucida que a *ratio decidendi* não representa unicamente a fundamentação da decisão; a *ratio* transcende a fundamentação. Portanto, mesmo que a *ratio* possa estar contida na fundamentação, ela não se limita a esta, mesmo porque algumas partes da fundamentação podem constituir *obiter dicta*, ou seja, argumentos laterais, que não se tornam vinculantes, pois representam uma argumentação que não contribui para o juiz chegar a decisão do caso. A *ratio decidendi* é considerada a parte vinculante, obrigatória do precedente, na qual o tribunal apresenta os fundamentos essenciais à decisão e a solução jurídica do caso, que podem ser ligados analogicamente a outros casos. Destarte, pode-se perceber, de maneira bastante clara, que o ponto fundamental que difere as súmulas dos precedentes é a ausência de *ratio decidendi* nas súmulas. Os enunciados sumulares não comportam uma *ratio decidendi*, pois todo o conjunto argumentativo que forma a proposição jurídica constante na *ratio* de uma decisão representa muito mais que uma súmula consegue carregar em seu enunciado extremamente sintético. Marinoni (2016, p. 159) elucida este entendimento no seguinte sentido: [...] o que particulariza as súmulas é a circunstância de serem enunciados do tribunal acerca das suas decisões, e não uma decisão que se qualifica como precedente. A súmula faz parte de uma linguagem que descreve as decisões. Trata-se, neste sentido, de uma metalinguagem, pois voltada a enunciar algo que já faz parte da linguagem da decisão judicial. Isto significa que as súmulas representam uma enunciação do que foi decidido em casos anteriores e, como o tribunal objetiva enunciar isso de maneira clara e que não gere dúvidas, estes enunciados acabam sendo muito concisos e, com isso, não é possível demonstrar a *ratio decidendi*, até porque a

acórdãos em incidente de assunção de competência ou de resolução de demandas repetitivas e em julgamento de recursos extraordinário e especial repetitivos; os enunciados das súmulas do Supremo Tribunal Federal em matéria constitucional e do Superior Tribunal de Justiça em matéria infraconstitucional; a orientação do plenário ou do órgão especial aos quais estiverem vinculados.

Criou-se o Incidente de Assunção de Competência (IAC), previsto no art. 947, buscando jugar causa, sem efetiva repetição em múltiplos processos, mas com grande repercussão social, e aplicar tal entendimento vinculante para casos atuais e futuros.

Da mesma forma, o Incidente de Resolução de Demandas Repetitivas (IRDR) foi previsto nos arts. 976 a 987, sendo cabível quando houver, simultaneamente, efetiva repetição de processos que contenham controvérsia sobre a mesma questão unicamente de direito, em como risco de ofensa à isonomia e à segurança jurídica.

Com estes dois recentes mecanismos, busca-se criar o precedente vinculante tanto em hipóteses em que já haja efetiva multiplicidade de processos (IRDR), como em situações em que esta ainda não ocorreu (IAC).

O próprio mecanismo da Reclamação, já mencionado anteriormente, passou a ser disposto em norma infraconstitucional, nos arts. 988-993, CPC. Teve suas hipóteses de cabimento ampliadas, servindo para preservar a competência do tribunal; garantir a autoridade das decisões do tribunal;

---

súmula é feita com base em alguns casos reiterados, que geram posteriormente as súmulas, enquanto os precedentes são estabelecidos a partir de um caso paradigma e desse caso pode-se identificar a *ratio*. Com isso, as súmulas tornaram-se enunciados que norteiam as decisões judiciais, mas que não têm um real compromisso com o desenvolvimento do direito porque comportam apenas enunciações estáticas, não abrangendo uma *ratio decidendi* e seu raciocínio analógico. Além disso, é necessário mencionar a diferença entre súmulas e precedentes no que diz respeito à elaboração, aplicação e modificação. Quanto à elaboração, os precedentes são originados a partir de uma decisão judicial que possui um procedimento específico – o que difere o precedente de outras decisões judiciais comuns. Essa decisão judicial é proferida no âmbito de um processo, seja este objetivo ou subjetivo, ou de um procedimento de fixação de teses jurídicas. O procedimento de elaboração das súmulas, por outro lado, ocorre de maneira substancialmente diferente em relação aos precedentes, tendo em vista que as súmulas, em que pese devam estar baseadas em casos concretos, não se originam, propriamente, do julgamento de casos, mas são discutidas em sessões próprias em que sequer são discutidas as decisões que deram origem à proposta da súmula. A criação de súmulas que não possuem correlação nenhuma com os casos que lhe originaram viola frontalmente a norma estabelecida no art. 926, §2º, do CPC/15, a qual estabelece que os tribunais, ao editar os enunciados de súmula, devem observar as circunstâncias fáticas das decisões que lhe originam". DIAS, Jean Carlos, SILVA, Samira Viana. O Direito Sumular Brasileiro: Uma Abordagem Crítica à Luz da Teoria dos Precedentes e da Análise Econômica do Direito. *In* DIAS, Jean Carlos; BRITO FILHO, José Claudio Monteiro de; MOUTA, José Henrique (Organizadores). *Concretização dos Direitos Fundamentais e sua Fundamentação Abordagens a partir da teoria do processo, da análise econômica e das teorias da justiça.* Rio de Janeiro: Lumen Juris. 2017, p. 182.

garantir a observância de enunciado de súmula vinculante e de decisão do Supremo Tribunal Federal em controle concentrado de constitucionalidade; garantir a observância de acórdão proferido em julgamento de incidente de resolução de demandas repetitivas ou de incidente de assunção de competência;

7.4. A CRÍTICA À VERTICALIZAÇÃO

Como antecipou-se na primeira seção deste capítulo, examinar-se-á o argumento contra a verticalização dos julgados das Cortes Superiores, que decorre da alegação de que os juízes têm, em tal situação, limitada a sua criatividade na produção de suas decisões.

Esse argumento é frágil. A análise econômica da litigância demonstra que os juízes tendem a seguir os precedentes por várias razões[83].

A primeira delas é que o desatendimento dos precedentes gerará a reforma da decisão pelos Tribunais, pois esses órgãos naturalmente tendem a privilegiar seus entendimentos e não têm nenhum interesse em desmerecer seus julgamentos, ainda mais quando são produzidos, exatamente, com a finalidade de promover o mais amplo cumprimento.

Nesse caso, mesmo quando os precedentes não são vinculantes, os juízes sentem-se estimulados a atendê-los em razão da improvável manutenção de sua decisão em função da exigência de compatibilização.

No caso brasileiro, a freqüente desconsideração dos julgados anteriormente às modificações institucionais de que tratamos antes, levaram ao alargamento do efeito compulsório retratado nas normas reformadoras.

Uma segunda razão pela qual o atendimento aos precedentes ocorre é que os juízes percebem que a inobservância estimula a propositura de demandas fundadas na divergência, em razão do falso otimismo que uma decisão divergente produz na avaliação dos possíveis litigantes[84].

O aumento do volume, ao mesmo tempo que exige uma maior atividade judiciária, representa um aumento do custo social em suportar processamento de demandas que não existiriam caso o precedente fosse observado.

83 POSNER, Richard. Obra citada, p. 839.

84 Ver a respeito a análise quanto ao uso anômalo do Mandado de Segurança feito por Teresa Arruda Alvim Wambier em "Os Agravos no CPC Brasleiro", São Paulo: Editora Revista dos Tribunais. 2000, p. 281.

Já se defendeu inclusive, que:

> Em um sistema como o brasileiro em que Poder Judiciário tem o dever de prestar de forma racional e isonômica a solução as demandas jurídicas, é natural ocorrer o escalonamento de funções e de competências das cortes. Deste modo, com o fortalecimento dos precedentes judiciais em prol de uma maior celeridade no julgamento de demandas, e na busca de maior uniformidade nas decisões judiciais de casos semelhantes, aceitar que os graus inferiores sigam a orientação jurisprudencial dos Tribunais Superiores não fere a garantia do livre convencimento motivado. Pelo contrário, prestigia outros princípios jurídicos, igualmente relevantes e almejados pelo ordenamento jurídico[85].

Neste último sentido, eventual crítica de que o juiz não mais poderá decidir os casos apresentados, sem depender de um entendimento já consolidado não se sustenta, *per se*. Na verdade, o papel do juiz se torna mais relevante, pois passa a necessitar compreender tanto o caso concreto, como o precedente vinculante, de forma a aplicá-lo de forma adequada.

Caso o magistrado entenda se tratar de tema diverso, cuja *ratio decidendi* não se coaduna ao caso pretérito, terá o dever não apenas de decidir o caso, motivando sua postura, mas também de deixar explícita a razão de não seguir aquele dito entendimento anterior, ou seja, realizar o *distinguishing* entre os casos[86].

7.5. CONCLUSÕES

A análise da estratégia institucional que se examinou aponta para o fato de que a adoção de um modelo de forte atendimento aos precedentes resulta na melhora da avaliação das expectativas de proposituras de ações, coibindo o pleito por demandas frívolas.

A esse respeito apontou-se:

> os precedentes, na medida em que proporcionam maior previsibilidade, possibilitam que as demandas frívolas sejam frustradas muitas vezes. As demandas frívolas, de acordo com as lições de Dias (2009, p. 65-

85 PEREIRA, Bernardo Augusto da Costa. *Os precedentes judiciais e a razoável duração do processo: uma análise a partir da teoria do direito como integridade de Ronald Dworkin*. Rio de janeiro: Lumen Juris, 2017, p. 138.

86 PEREIRA, Bernardo Augusto da Costa. *Os precedentes judiciais e a razoável duração do processo: uma análise a partir da teoria do direito como integridade de Ronald Dworkin*. Rio de janeiro: Lumen Juris, 2017, p. 141.

> 66), representam ações nas quais o autor tem sua motivação pautada em fundamentos jurídicos de baixa probabilidade, ou seja, que não são robustos o suficiente para gerar uma decisão favorável. O entendimento do autor, a partir da Análise Econômica do Direito, é de que esse tipo de demandante ingressa com essas ações especialmente em Juizados Especiais, nos quais o custo de apresentação é zero, devido ao *jus postulandi*, sendo uma forma de permitir que o requerente arrisque ingressar com a ação, pois não sabe o resultado advindo, dentro da lógica de "depende do juiz". Entretanto, o cálculo racional deste tipo de demandante muda devido à existência de um precedente que frustra a sua pretensão, pelo que a escolha racional a ser feita é a desistência de ajuizar a ação. Percebe-se, portanto, que em um ambiente de incerteza, ou seja, em um sistema jurídico que não possui um sistema de precedentes bem articulado, há uma tendência maior de ajuizamento de demandas frívolas e maior resistência por parte do réu, pois as partes tendem a se arriscar mais, já que não têm previsibilidade sobre os resultados. Num ambiente de certeza, com a aplicação de precedentes, a quantidade de demandas tende a diminuir. Por conseguinte, os precedentes podem causar a maximização da riqueza da sociedade, porque mesmo em um mercado implícito, que é o mercado judicial, pode haver um grande aumento de satisfação das preferências dos agentes, não apenas do agente individualmente considerado, mas de todos os agentes envolvidos no mercado, na medida em que há previsibilidade das decisões judiciais com os precedentes, garantindo que a jurisprudência se torne mais estável em relação àquelas matérias que os precedentes regulam, o que acaba sendo uma barreira às demandas frívolas[87].

A melhora na avaliação das expectativas, por sua vez, induz a um aumento das possibilidades de transação, em comparação com cenários que admitem julgamentos indiscriminadamente divergentes.

Por outro lado e de modo ainda mais substancial, o sistema de precedentes promove uma redução significativa dos custos dos processos subseqüentes, o que é ainda otimizado se, como no caso brasileiro, a aplicação é inicial sob a forma de inadmissão de recursos ou demandas em sentido diverso.

---

87 DIAS, Jean Carlos, SILVA, Samira Viana. O Direito Sumular Brasileiro: Uma Abordagem Crítica à Luz da Teoria dos Precedentes e da Análise Econômica do Direito. *In* DIAS, Jean Carlos; BRITO FILHO, José Claudio Monteiro de; MOUTA, José Henrique (Organizadores). *Concretização dos Direitos Fundamentais e sua Fundamentação Abordagens a partir da teoria do processo, da análise econômica e das teorias da justiça*. Rio de Janeiro: Lumen Juris. 2017, p. 191.

Essa estratégia institucional e processual, por fim, à medida que cristaliza o entendimento dos tribunais a respeito de temas polêmicos, tende a tornar as relações entre os jurisdicionados mais previsíveis em função da incidência de um marco decisório publicamente reconhecido.

Capítulo

8

OS JUÍZOS DE PROBABILIDADE NA CONCESSÃO DE TUTELAS PROVISÓRIAS LIMINARES

8.1. APRESENTAÇÃO DO PROBLEMA

As tutelas provisórias no processo civil brasileiro têm sido objeto de reflexão estritamente técnica e, muitas vezes, em função disso, alguns aspectos relacionados ao seu cabimento têm sido ignorados.

É possível aplicar a análise econômica ao caso da concessão de medidas provisórias liminares? Esse é o questionamento que se procura responder no presente capítulo, em que será examinada a construção desse tipo de decisão em nosso sistema e como isso está relacionado à busca de eficiência.

8.2. A TIPOLOGIA DAS TUTELAS PROVISÓRIAS NO PROCESSO CIVIL BRASILEIRO

Para garantir a efetividade, o nosso sistema processual, como de resto os demais, estruturou vários modelos de resposta jurisdicional, ordenados para gerar efeitos protetivos diversos[88].

88 DIAS, Jean Carlos. *Tutelas de Urgência, Princípio Sistemático da Fungibilidade*. Curitiba: Juruá, 2003, p. 82.

O atual diploma processual civil prevê em ser art. 294 que as tutelas provisórias podem se basear em urgência ou em evidência.

A tutela de evidência, prevista no art. 311, CPC, é uma tutela provisória que independe da demonstração de perigo de dano ou de risco ao resultado útil do processo (*periculum in mora*), bastando para sua concessão a identificação de uma das hipóteses apontadas nos incisos do artigo supracitado.

Em sede de tutela de urgência tem-se a tutela cautelar (protetiva) e a tutela antecipatória dos efeitos da sentença (satisfativa).

Esses dois modelos respondem à necessidade de proteção à efetividade do processo, seja adiantando um (ou mais) efeito da sentença (e, portanto, estamos no campo da realização operacional da decisão judicial), ou mesmo, apenas, assegurando que um determinado processo tenha condições de proferir uma decisão útil, à medida que preserva o objeto destinado a receber a tutela jurisdicional de mérito.

A tutela cautelar, pautada por uma instrumentalidade dominante, é especialmente predisposta a não realizar qualquer decisão de mérito; por outro lado, a tutela antecipada admite esse tipo de discussão exatamente em razão de seus requisitos (art. 300, CPC).

Vale lembrar que essas tutelas protetivas, adotando-se a sistemática original de nosso ordenamento processual, foram concebidas de forma autônoma e relativamente excludentes.

Um dos traços mais característicos, entre as diversas espécies de tutelas provisórias, é exatamente o da provisoriedade e temporariedade, isto é, qualquer que seja o tipo de providência judicial de urgência ofertada, por exemplo, será sempre impermanente, uma vez que não oferece a solução final do conflito apresentado em juízo pelas partes.

As tutelas provisórias não têm a condição estrutural, em função do seu campo cognitivo restrito, de produzir qualquer efeito definitivo no processo, demarcando com clareza, assim, uma duração temporal limitada, em relação ao deslinde natural do processo, com o julgamento exauriente de mérito. A exceção é a hipótese de estabilização dos efeitos da tutela satisfativa antecedente, prevista no art. 304, CPC.

Tomadas desta forma, verifica-se que são perfeitamente aglutináveis em um mesmo gênero - tutelas de urgência - as tutelas cautelares e as tutelas antecipatórias, mas com elementos essenciais que as diferenciam.

Essa aglutinação, por isso, somente é possível na medida em que reconheçamos o liame essencial dessas tutelas até a eliminação do risco de inefetividade da decisão definitiva proferida no processo.

Vê-se, portanto, que o traço essencial nessas tutelas é a celeridade, visando à eliminação de um risco potencial no processo.

Nessa direção, Destefenni anota que: "Por isso é justificável que o Estado disponibilize um tipo de tutela jurisdicional com menor dose de certeza, mas com maior celeridade. Daí a importância da tutela de urgência, entendida aqui como gênero, do qual são espécies outras duas formas de tutela jurisdicional, a cautelar e antecipatória"[89].

É claro, então, que temos uma tutela diferenciada, cuja finalidade específica é o controle do risco da efetividade no processo.

Ao tratar do risco, Fritz Baur indica que: "Não se deve perder de vista que, a despeito de todas as diferenças, o fim tanto da tutela jurídica primária quanto da secundária é o mesmo, isto é, o de obstar a periclitação e a insegurança do direito, que decorre da circunstância de ainda não existir uma decisão definitiva de caráter autoritativo"[90].

Tanto a tutela cautelar quanto a antecipatória são transportadas por decisões judiciais. Essas decisões judiciais, conforme a classificação do Código de Processo Civil Brasileiro (CPC, art. 203), podem assumir a forma de uma sentença ou de uma decisão interlocutória.

As decisões oferecidas no início do processo, antes da citação do réu, como meio de combater o risco iminente a um outro processo (cautelar) ou ao próprio direito litigioso (antecipatória) são denominados doutrinariamente como liminares.

Em sede de tutela de evidência, o art. 311, § único, CPC, aponta a possibilidade desta modalidade ser concedida de forma liminar, ou seja, *inaudita altera pars*, em situações específicas.

Embora as sentenças possam também conter disposições de urgência, apenas a sentença cautelar exprime todo o objeto urgente em função de sua limitação cognitiva. As disposições antecipatórias em sentença são, na verdade, decisões interlocutórias que integrando o documento sentencial, passam a se constituir em um dos seus capítulos.

89 DESTEFENNI, Marcos. *Natureza Constitucional da Tutela de Urgência*. Porto Alegre: Fabris, 2002, p. 204.

90 BAUR, Fritz. *Tutela Jurídica mediante Medidas Cautelares*. Porto Alegre: Fabris, 1985, p. 22.

Pois bem, o essencial, em se tratando de disposições liminares, que é o objeto central do presente capítulo, é que elas sempre estão estruturadas em função da necessidade de uma decisão imediata, sem que o juízo detenha informação perfeita, que processualmente é conferida pelo encerramento da instrução.

Os juízos probabilísticos, assim, são de especial interesse para a análise econômica do processo judicial, sobretudo pela possibilidade teórica de previsão do comportamento judicial em face de um pedido dessa natureza.

8.3. ANALISANDO OS JUÍZOS HIPOTÉTICOS

Quando se pede a um juiz que decida com informação incompleta, pode-se oferecer, do ponto de vista da análise econômica, algumas referências para balizar seu pronunciamento.

De início é de se ter em vista que "el riesgo del error es grande porque se esta pidiendo al juez que falle de prisa, sobre la base de uma información incompleta."[91] Mesmo diante de um cenário como esse, é possível minimizar esse risco,

Como a parte que requer uma liminar deve suscitar a alegação de um dano irreparável, o juiz deve, conforme a AED, ponderar os riscos das partes envolvidas de modo a argumentar racionalmente em sua decisão.

Isso significa, desde logo, calcular a probabilidade de acolhimento da tese adotada pelas partes. É exatamente neste sentido que um dos requisitos para a tutela de urgência é o *fumus boni iuris.*

A ponderação deve ser feita em função do risco de erro, tendo em vista a possibilidade de acolhimento integral do pedido. Desse modo, se em uma ação um juiz avalia que a probabilidade de êxito do demandante é de sessenta por cento, pode-se, desde logo, calcular a taxa de erro na concessão da medida. Neste exemplo[92] a taxa de erro da denegação é dos mesmos sessenta por cento e a taxa de erro da concessão, por via de resultado, é de quarenta por cento.

Destarte, a taxa de erro, tanto na concessão quanto na denegação, é correspondente à avaliação da probabilidade de êxito da demanda proposta.

---

91 POSNER, Richard. Obra citada, p. 854.

92 POSNER, Richard. Obra citada, p. 854.

A ordem deve ser concedida sempre que a ponderação entre a taxa de probabilidade de êxito da alegação do autor em relação à do demandado for superior à ponderação decorrente do dano irreparável sofrido pelo demandado em relação ao experimentado pelo demandante.

A razão é clara: a medida liminar somente se justifica quando a probabilidade de êxito da demanda supera os possíveis danos irreparáveis sofridos pelo destinatário da medida.

Quando o risco de improcedência é alto e os danos irreparáveis do destinatário relevantes, existem bons motivos para supor que a concessão da medida liminar, sem a informação necessária, tende a ser contraproducente do ponto de vista da eficiência da atuação judicial.

Um exemplo pode ser elucidativo. Assim, se em uma demanda a taxa de êxito do autor é de 80% e do réu é de 20%, e o dano sofrido pelo autor é de 100, enquanto a do réu é de 50, observamos que os valores para análise mostram que o dano potencial para o requerido é da ordem de 10 (20% de 50) e para o autor, da ordem de 80 (80% de 100). Como 80>10, a medida deverá se concedida.

Naturalmente, esse tipo de raciocínio, estruturado em função da avaliação das expectativas, apenas serve de base e demonstração argumentativa em um sistema de motivação obrigatória das decisões judiciais, como o brasileiro.

Logo, a análise justifica a concessão da medida sob a ótica da racionalidade econômica e objetiva a avaliação que os juízes, intuitivamente, muitas vezes fazem ao expor a existência dos requisitos para a concessão das liminares.

O risco que caracteriza a concessão de tais medidas pode muito bem ser demonstrado pelo emprego desse raciocínio, melhor fundando o cabimento de tais tutelas em situações em que a lei autorize o magistrado a decidir servindo-se de juízes de cunho hipotético.

Essa ponderação tem o mérito de levar em consideração a situação particular do demandado ao estabelecer o critério de eficiência no caso concreto, levando em consideração os elementos que devem pautar a decisão.

Isso não quer dizer que a AED proponha qualquer alteração nos requisitos argumentativos para a concessão das medidas liminares, em nosso sistema processual, mas sim que oferece uma ferramenta teórica importante para a fundamentação judicial que dificilmente será invalidada.

8.4. CONCLUSÕES

A análise econômica sugere que as medidas liminares não devem ser ofertadas de forma irrefletida do ponto de vista das consequências de sua concessão ou denegação para as partes envolvidas.

Os juízos de ponderação acerca da probabilidade do êxito em relação aos possíveis danos experimentados oferecem uma base racional para reflexão quanto ao cabimento dessas medidas, com bastante força persuasiva.

De outro lado, a nossa longa tradição processual no que diz respeito ao estudo das tutelas provisórias não é, de modo algum, incompatível com a aplicação da AED nos termos antes expostos, muito pelo contrário, torna-se mais eficiente do ponto de vista da efetividade do processo.

Capítulo

9

A CORREÇÃO JUDICIAL NA FORMULAÇÃO DA DEMANDA – A CONDENAÇÃO EM PARCELA NÃO REQUERIDA

9.1. APRESENTAÇÃO DO PROBLEMA

Tradicionalmente, os pedidos de indenização por danos causados por um agente são calculados, no nosso sistema, com base nos prejuízos efetivamente demonstrados na instrução probatória.

Desse modo, impera a noção de que a correlação entre a indenização e o dano é mediada pela extensão e qualidade dos meios probatórios trazidos aos autos do processo.

Nesse exato sentido, o julgador, ao receber uma demanda com esse tipo de pretensão, fica adstrito ao pedido formulado, uma vez que é princípio estruturante do nosso sistema legal o da congruência (também denominado doutrinariamente como princípio da adstrição).

Esse princípio determina que a extensão da sentença judicial deve ficar limitada por aquilo que for expressamente requerido pelo autor, corporificando uma demanda objetivamente deduzida.

Exatamente por isso, proposta a demanda, a atividade decisória judicial fica atrelada ao pedido formulado, de maneira que a decisão dele diversa ou mais ampla gera a nulidade[93] e a menos ampla determina a suplementação pelos meios recursais cabíveis.

Pode-se, assim, afirmar que adotamos o papel do autor como formulador do pedido em um sentido forte, na proporção em que a falha nesse ponto de sua atuação, entendida aqui como um pedido insuficiente, não pode ser corrigida pelo Juiz no curso do processo.

Esse sistema processual, ainda que plenamente consagrado, apresenta algumas falhas sob o ponto de vista da análise econômica que serão discutidas neste capitulo.

Será proposta, ao final, uma possível solução mais eficiente na formulação de pedidos que têm certamente grande interesse quando se visa a atuação processual em defesa de interesses que não são efetivamente titularizados pelo proponente da ação.

9.2. O FUNDAMENTO DO PRINCÍPIO DA ADSTRIÇÃO

A formulação mais comum do princípio em questão deriva de uma articulação entre o pedido e o que deve o juiz decidir na sentença. Nesse tipo, a literatura especializada contemporânea analisa “o limite da sentença é o pedido, porque o ato de entrega da tutela jurisdicional deve ficar adstrito aos limites estabelecidos pela demanda”[94].

Por sua vez, a demanda é usualmente apresentada como um ato jurídico que estabelece processualmente o objeto da instauração da ação judicial. Nesse sentido, Batista da Silva: “pelo princípio da demanda, o Juiz fica limitado aos pedidos formulados pelas partes”[95].

Desse modo, o princípio da adstrição é apresentado como um marco que a parte determina e que servirá de parâmetro para validar a decisão judicial do ponto de vista de sua coerência interna.

Alegadamente, o fundamento decorre, sobretudo, da necessidade de observância do princípio contraditório. Nesse sentido, Bedaque sugere que:

> Não obstante à base da adstrição estejam também aspectos concernentes à técnica processual, como a necessidade de estabilização da deman-

93 Ver a respeito uma das obras de referencia sobre o tema "Nulidades do Processo e da Sentença" de autoria de Teresa Arruda Alvim Wambier. São Paulo: Editora Revista dos Tribunais, 1997, p. 110.

94 RODRIGUES, Marcelo Abelha. *Elementos de Direito Processual Civil. V.2.* São Paulo: RT, 2003, p. 426.

95 SILVA, Ovídio Batista. *Teoria Geral do Processo.* São Paulo: RT, 2002, p. 50.

> da mediante preclusões, evitando o retorno a situações consolidadas possibilitando o desenvolvimento do processo, dúvida não há que o contraditório constitui o principal motivo do limite imposto pelo sistema processual[96].

A busca por evitar que uma das partes seja surpreendida por decisão cuja audiência não lhe foi oportunizada sugere que o núcleo do principio da adstrição está centrado na questão da defesa e não, propriamente, na imputação ao autor de um ônus de perfeita concepção dos fins necessários para reparar a lesão sofrida.

Neste sentido, o art. 329 do CPC/2015 prevê que autor poderá até a citação, aditar ou alterar o pedido ou a causa de pedir, independentemente de consentimento do réu; poderá até o saneamento do processo, aditar ou alterar o pedido e a causa de pedir, com consentimento do réu, assegurado o contraditório.

Trata-se, assim, de um requisito de segurança para a parte demandada, isto é, para o autor da lesão, que assim sempre saberá de antemão que o pedido determinará, em qualquer circunstância, a máxima obrigação de reparação. Tanto é assim, que o § único, do art. 329 afirma que tais regras são aplicáveis à reconvenção e a respectiva causa de pedir.

No caso das ações de reparação, o causador do dano, relutante ao ponto de somente se expor ao dever de indenizar quando obrigado a isso por uma decisão judicial, terá previamente estabelecido o campo de imposição coativa em que o Estado poderá atuar.

A correta afirmação de que o princípio do contraditório deve ser sempre observado no âmbito processual não resulta, porém, na exigência de que, no momento da apresentação da demanda, o Juiz esteja, em toda e qualquer situação, a ela adstrito.

O possível ajustamento dos pedidos contidos em uma demanda em nada viola o princípio do contraditório, se devidamente oportunizada a bilateralidade de audiência.

Vale dizer, inclusive, que conforme apontado, nosso sistema admite uma ampla alteração do pedido até a fase do saneamento, ainda que após

---

96 BEDAQUE, José Roberto dos Santos. Os elementos objetivos da demanda examinados à luz do contraditório. *In*: TUCCI, José Rogério Cruz; BEDAQUE, José Roberto dos Santos (coord) .*Causa de pedir e pedido no processo civil*: (questões polêmicas). São Paulo: Revista dos Tribunais, 2002, p. 34.

a citação apenas com a anuência do demandado). Isso significa que a formulação do pedido não é elemento processual invariável.

No mesmo sentido, a formulação de pedido genérico retrata a mesma flexibilidade do princípio da adstrição. É neste sentido o art. 324, § 1, CPC.

No caso do sistema de defesa do consumidor (art. 95 da Lei 8.078/90), a indicação de que a condenação será genérica tem por único escopo permitir que a integralidade do dano sofrido seja reparada ainda que projetada para momento posterior à sentença.

A execução, nessas demandas, deverá ser levada a efeito no *quantum* necessário e adequado à efetiva recomposição do dano experimentado, independentemente do pedido que eventualmente a vítima tenha formulado.

É de se observar que essas técnicas, amplamente disseminadas e reconhecidas, são, efetivamente, meios de mitigação do princípio da adstrição, que, contudo, não repercutem de qualquer forma no campo do contraditório.

Portanto, a ilação de que o contraditório é o núcleo da adstrição é claramente insustentável.

O núcleo do princípio da adstrição é a racionalidade da instrução probatória. Essa é a razão pela qual o Código de Processo Civil não admite alteração do pedido após o saneamento. Essa é a razão pela qual, na defesa do consumidor, o pedido genérico remete a condenação para a fase posterior de liquidação, quando, então, serão provados os fatos que demonstram a extensão da lesão e, por isso mesmo, a correspondência econômica com a reparação pretendida.

A identificação do real fundamento do princípio da adstrição permite reposicioná-lo no universo dos princípios que estruturam o Direito Processual Civil.

Colocado deste modo, a congruência é exigida na sentença exatamente para manter o liame lógico entre o pedido, a instrução probatória e a decisão final. Se isso não exclui a incidência lateral do contraditório, permite a reflexão quanto à possibilidade de alteração da demanda por decisão judicial, tema que examinaremos na seção seguinte.

9.3. A ALTERAÇÃO JUDICIAL DO PEDIDO

Vamos supor que uma ação popular tenha sido movida com a finalidade de reparar uma lesão ambiental. Vamos supor que o pedido requeira exclusivamente a descontaminação de um riacho. Imaginemos ainda que muitas pessoas tenham sido vitimadas e seu tratamento não tenha sido objeto da ação.

A essa situação, a resposta clássica oferecida se fundará no principio da adstrição para sustentar que o Juiz não poderá decidir em prol do custeio do tratamento das vítimas, uma vez que se trata de pretensão exógena à demanda.

Bedaque, ao analisar a importância das técnicas processuais, reflete que "é preciso, pois, cada vez mais, tornar flexível a tutela jurisdicional, no sentido de adaptá-la às necessidades do desenvolvimento eficiente do processo, como instrumento efetivo de proteção das situações de direito substancial"[97].

Demonstrarei, nesse diapasão, que a resposta tradicional é ética e economicamente falha, por razões diferentes que sugerem uma abordagem inteiramente diversa do que a recorrentemente sustentada pela doutrina.

a) Por que a resposta é economicamente falha?

As ações de reparação constituem uma transação econômica em que o dano causado (diminuição de patrimônio) deve ser indenizado pela reposição da parcela subtraída *in natura* ou por um meio fungível (dinheiro).

Os economistas usualmente se reportam aos custos de transação para explicar que as operações econômicas muitas vezes dependem de estruturação de meios que também têm repercussão econômica.

Desse modo, se para adquirir um livro preciso pagar o frete, os impostos, etc., o preço não representa apenas a obra em si, mas esses custos de transação.

Quando uma ação judicial culmina com a atribuição de indenizar em valor inferior ao efetivamente devido, a vítima suporta esse dano e, nesse sentido, o causador é premiado por não ser obrigado a reparar integralmente a lesão.

Desta maneira, a imperfeição na formulação do pedido pode gerar um custo de transação relevante, dotado da capacidade de inviabilizar ou enfraquecer a efetividade do resultado e, mais propriamente, os direitos substanciais em jogo.

97 BEDAQUE, José Roberto dos Santos. *Direito e processo*. São Paulo: Malheiros, 2003, p. 65.

O resultado do sentido em que tomamos a apresentação da demanda força a um resultado econômico ineficiente. Como a formulação do pedido determina previamente a atuação judicial, a deficiência da concepção do pedido pelo autor pode gerar a sub-reparação do dano.

É importante ter em vista que, na reparação de danos, o objeto central da decisão judicial é aplicar uma técnica de execução retrospectiva cuja essência é o restabelecimento do *status quo* anterior ao evento lesivo.

A condenação nada mais é do que a busca pelo restabelecimento da situação anterior à lesão.

Quando um dano ocorre, a finalidade do processo judicial é recompor o patrimônio jurídico lesado. A falha na formulação do pedido – que gera efeitos apenas processuais – não pode e não deve conduzir a uma consolidação do dano, resultante da inadequada ou insuficiente recomposição.

Do ponto de vista econômico, essa transação maximiza a lesão, pois permite no cenário que se está traçando, o acréscimo, ao dano sofrido, dos custos da interposição da demanda (custas, honorários, despesas processuais, etc.) além da reparação insuficiente.

A situação da vítima que não pode optar pela ocorrência do dano, acaba sendo agravada em razão dos custos da transação em questão.

A questão central, portanto, é fazer com que os causadores dos danos não somente sejam obrigados a reparar e lesão em si como também e adequadamente os custos de transação envolvidos.

Esse tema é especialmente analisado por Porat, que sustenta: “without restriction, injurers would be completely indifferent to cause harms”[98].

Desse modo, se uma vitima, ao formular a demanda, o faz de modo insuficiente para obter a reparação do dano experimentado, a solução da análise econômica do direito sugere que esse pedido seja tomado relativamente, de modo a ser uma referência para o julgamento, mas não envolvendo obrigatoriamente todas as parcelas que possam vir a ser atribuídas à vítima como meio de garantir a real reparação.

Nesse sentido, a solução eficiente é a que garanta que haja adequada tutela das vítimas pela imposição integral aos causadores da obrigação de

98 PORAT, Ariel. Expanding Restitution: Liability for Unrequested Benefits. Jon M. *Olin Law & Economics Working Paper* n. 388, p. 26.

reparar os danos, inclusive, internalizando os custos não percebidos ou indicados na proposição da demanda.

Sem essa medida, a eficiência da transação fica comprometida, incrementado a lesão sofrida pela vítima.

b) Por que a resposta tradicional é eticamente falha?

Examina-se agora uma segunda abordagem, a que sugere que a resposta tradicional desconsidera a igualdade substancial.

O que leva uma vítima a subestimar o valor do dano experimentado? Uma resposta padrão para o questionamento é o déficit informativo. Há fortes razões para crer que a vítima devidamente informada muito provavelmente buscaria a reparação adequada à extensão do dano.

Pois bem, partindo do pressuposto que o déficit informativo pode se constituir na causa central para falhas de formulação da demanda, tais como as que se está tratando, fica patente que as partes partem de patamares processuais claramente desiguais.

Essa desigualdade informativa, quando explicitada no momento da apresentação da ação, caso não corrigida, transforma a autoridade judicial num co-partícipe da lesão, pois impõe ao lesado os custos de transação a que nos referimos antes.

Nesse sentido, no aspecto puramente ético, não se pode admitir que a demanda impropriamente formulada acabe exonerando parcialmente o causador de suas responsabilidades indenizatórias.

A busca pela igualdade substancial em tal situação sugeriria que o Juiz, diante da constatação do déficit informativo no momento da formulação da demanda, agisse, de ofício, corrigindo o valor inicial de modo a possibilitar a efetiva tutela dos direitos lesados.

Não se trata de inovação dentro do nosso sistema. No caso exemplar de aplicação de técnicas processuais para fins substanciais, que é a defesa judicial do consumidor, a técnica da inversão do ônus probatório é amplamente aceita. O próprio CPC prevê tal possibilidade no art. 373, § 1º.

Ora, essa técnica tem como núcleo a igualdade substancial, que somente pode ser alcançada quando se toma como ponto de partida que o lesado apresenta, desde o início, um déficit relevante do ponto de vista da tutela de seu próprio interesse.

A esse respeito, Cambi aponta que a técnica da inversão "consagra o princípio constitucional da isonomia, pois o consumidor, por ser a parte mais vulnerável da relação de consumo (...) deve ser tratado de maneira diferente; afinal a igualdade substancial somente pode ser alcançada tratando-se desigualmente os desiguais, na medida de sua desigualdade"[99].

O Superior Tribunal de Justiça também já se posicionou nesse sentido[100] [101].

Pode-se, assim, afirmar com segurança que o núcleo da inversão do ônus da prova é a busca pela igualdade substancial.

O mesmo fundamento pode ser invocado para a correção do valor da indenização nas ações em que ficar evidenciado que o autor, hipos-

---

99 CAMBI, Eduardo. *A Prova Civil*. São Paulo: RT, 2006, p. 412.

100 CÓDIGO DE DEFESA DO CONSUMIDOR. Prova. Inversão do ônus da prova. Perícia. Honorários. Construção civil. SFH.

- O CDC assegura ao consumidor hipossuficiente o direito de exercer sua defesa em juízo. As regras legais que procuram efetivar esse princípio não criam privilégio a seu favor, apenas procuram estabelecer alguma igualdade entre as partes.

- Perícia considerada indispensável para a ação em que se alega defeitos na construção do prédio adquirido por pessoas de baixa renda, pelo SFH, e que não foi feita porque os autores não reuniram o numerário suficiente para pagar os honorários do perito.

- Renovação do julgamento da apelação a fim de que a Câmara aprecie a existência dos pressupostos de fato para a inversão do ônus da prova (Art. 6º, VIII, CDC).Recurso conhecido e provido em parte.

(REsp 347.632/SP, Rel. Ministro RUY ROSADO DE AGUIAR, QUARTA TURMA, julgado em 24/06/2003, DJ 01/09/2003 p. 291)

101 PROCESSUAL CIVIL E DIREITO DO CONSUMIDOR. DEFESA DOS INTERESSES OU DIREITOS INDIVIDUAIS HOMOGÊNEOS. DISPENSA DE PRÉ-CONSTITUIÇÃO PELO MENOS HÁ UM ANO. INVERSÃO DO ÔNUS DA PROVA. IMPOSSIBILIDADE DA AÇÃO COLETIVA SUPERADA. Presente o interesse social pela dimensão do dano e sendo relevante o bem jurídico a ser protegido, como na hipótese, pode o juiz dispensar o requisito da pré-constituição superior a um ano da associação autora da ação de que trata o inciso III do parágrafo único do art. 82 do Código de Defesa do Consumidor, que cuida da defesa coletiva dos interesses ou direitos individuais homogêneos.

A regra contida no art. 6º/VII do Código de Defesa do Consumidor, que cogita da inversão do ônus da prova, tem a motivação de igualar as partes que ocupam posições não-isonômicas, sendo nitidamente posta a favor do consumidor, cujo acionamento fica a critério do juiz sempre que houver verossimilhança na alegação ou quando o consumidor for hipossuficiente, segundo as regras ordinárias da experiência, por isso mesmo que exige do magistrado, quando de sua aplicação, uma aguçada sensibilidade quanto à realidade mais ampla onde está contido o objeto da prova cuja inversão vai operar-se.

Hipótese em que a ré/recorrente está muito mais apta a provar que a nicotina não causa dependência que a autora/recorrida provar que ela causa.

Ainda que possa a inicial ter confundido a ação que objetiva promover a defesa coletiva dos interesses ou direitos individuais homogêneos, com a ação que tem por fito defender interesses pertinentes a pessoas já definidas e identificáveis, mediante a legitimação ordinária de certas entidades associativas para representarem judicialmente os seus filiados, na defesa de seus direitos, prevista no inciso XXI do seu art. 5º, da Constituição Federal, pode-se permitir o prosseguimento do feito desde que se perceba, como na hipótese, que o objetivo primordial é o de defender os direitos individuais homogêneos, uma vez que se deve extrair da inicial o que possa haver de maior utilidade, relevando certos deslizes formais que sejam periféricos para a compreensão da controvérsia, pois o processo judicial moderno, como já lembrava Couture, não é uma missa jurídica, de liturgia intocável.Ação proposta contra companhias fabricantes de cigarros.Recurso não conhecido.(REsp 140.097/SP, Rel. Ministro CESAR ASFOR ROCHA, QUARTA TURMA, julgado em 04/05/2000, DJ 11/09/2000 p. 252).

suficiente – pelo déficit informativo, o conceberia de modo diverso caso tivesse os dados adequados.

Trata-se de derivação do principio da igualdade substancial, sem o qual o processo se converteria numa forma de ratificação e incremento do dano experimentado pela vítima.

Essa é a razão pela qual a atuação corretiva não somente é economicamente sustentável como também eticamente justificável do ponto de vista da atuação jurisdicional como instrumento de justiça, tendo como ponto de partida a busca pela manutenção da igualdade basal, sem a qual não se pode chegar a qualquer decisão intrinsecamente sustentável.

Vale, a respeito, o pensamento de Yarshell, para quem "a fixação do *quantum debeatur* é feita a partir das regras de direito material e mesmo quando se atribui poder ao juiz para arbitrar o montante (...) é no plano substancial que devem ser buscados os critérios."[102]

Isso quer dizer que a eventual reparação não pode prescindir da legitimação derivada de um processo concebido para suprir as desigualdades ínsitas que levariam a uma distorção do seu resultado a partir do referencial do direito fundamental, estruturante da ordem jurídica constitucional que é o da igualdade substancial.

9.4. CONCLUSÕES

O princípio da adstrição, como técnica processual que é, fundada na necessária ordenação probatória, não é regra de fundo constitucional que importe na impossibilidade de racionalização e mitigação segundo as demandas apresentadas ao Poder Judiciário.

A atuação corretiva para suprir a hipossuficiência informativa pode ser amplamente sustentada pela análise econômica do direito ao ponto em que demonstra que sua ausência importaria em um agravamento da lesão em desfavor da vítima.

De outro lado, a simples consideração do processo como veículo para manifestação da igualdade substancial sugere que o Juízo, exercendo seu papel constitucional, mitigue o princípio da adstrição para garantir a efetiva tutela de direitos.

102 YARSHELL, Flavio Luiz. *Tutela Jurisdicional*. São Paulo: Atlas, 1999, p. 157.

Capítulo

10

AS DECISÕES JUDICIAIS EM QUESTÕES AMBIENTAIS - FUNDAMENTOS PARA UMA ANÁLISE ECONÔMICA

10.1. INTRODUÇÃO

A questão ambiental envolve um problema econômico: como assegurar o atual status de produção e consumo, garantindo a existência e preservação do meio ambiente para as gerações futuras? E também um problema jurídico: até que ponto é desejável a regulação jurídica da atividade econômica?[103]

No curso deste capítulo, pretende-se examinar como uma decisão judicial pode se servir da análise econômica para determinar os meios adequados de resolução de questões de repercussão ambiental.

10.2. A NATUREZA DO DIREITO AO MEIO AMBIENTE E A AÇÃO ESTATAL

O direito ao meio ambiente goza entre nós de expressa tutela em disposição constitucional. O art. 225 da Carta Magna estabelece que deve

103 O presente capítulo é uma revisão de um estudo publicado na Revista de Direito Ambiental. Ver a respeito DIAS, Jean Carlos. Políticas Públicas e questão ambiental. *Revista de Direito Ambiental*. n. 31, p. 117, jul./set, 2003.

ser assegurado a todos os cidadãos brasileiros o meio ambiente ecologicamente equilibrado.

Esse direito, nesse sentido, para ser extensível ao todo, deve ser visto como um direito de natureza difusa, mas, para permitir essa identificação, é preciso verificar se estão presentes os elementos caracterizadores.

Quanto à **indeterminação** de seus sujeitos, não parece haver dúvida. Todos os membros da sociedade tem difusamente o direito de exigir que a ação estatal e privada seja no sentido de assegurar aquele direito. Aliás, não poderia deixar de ser assim, uma vez que o direito ao meio ambiente ecologicamente equilibrado se apresenta como uma verdadeira "extensão do direito à vida"[104].

Não há, assim, como estabelecer um critério subjetivo de determinação dos possíveis titulares daquele direito. Seu conteúdo, por definição, independe de qualquer vínculo jurídico que possa agregar os sujeitos em decorrência de situações de fato contingenciais. Deste modo, não se pode deixar de reconhecer que o direito ao meio ambiente é indeterminado quanto a seus titulares potenciais.

De outro lado, não se pode desconhecer que esse processo de construção do direito ambiental é determinado pelo sistema de valoração axiológica de uma sociedade que detém, em sua essência, um conflito permanente baseado nas interações e reações dos diversos grupos e suas respectivas cosmovisões.

Esse processo contínuo de elaboração e superação de valores em função da dinâmica social demonstra a intrínseca **conflituosidade** que é característica essencialmente reconhecida pela doutrina dos direitos e interesses difusos. Isso decorre, em grande parte, do processo de elaboração daquele conteúdo e sua permanente revisão pelos grupos sociais em embate contínuo.

Ora, o direito ao meio ambiente saudável e equilibrado está sendo constantemente revisto em função daqueles fluxos e refluxos inerentes à construção de qualquer valor social; o seu conteúdo e mesmo aplicabilidade depende de um sistema de valores que está sendo socialmente elaborado com base nos choques de pontos de vista acerca de sua utilidade, necessidade e efetividade.

Há, assim, uma imensa conflituosidade decorrente dos próprios processos de formulação valorativa da sociedade.

---

104 MILARÉ, Edis. *Direito do Ambiente*. São Paulo: RT, 2001, p. 112.

Além disso, o direito ao meio ambiente determina-se como um interesse ou direito que não pode ser apreendido, apropriado pelos indivíduos de uma dada sociedade. Nesse sentido, o objeto "direito ao meio ambiente" é indivisível, pois, por sua natureza, não pode ser distribuído entre todos titulares, que, enfim, compõem toda a sociedade.

A **indivisibilidade** própria dos interesses difusos se aplica perfeitamente ao conteúdo do direito ao meio ambiente, não há como parti-la em cotas que possam ser distribuídas a todos os jurisdicionados, pelo contrário, esse objeto pauta-se pela espécie de comunhão que determina que seu cumprimento ou descumprimento afeta todo o conjunto da coletividade.[105]

Por fim, como aponta a doutrina[106], resta saber se o direito ao ambiente possui a característica de ser essencialmente transativo e mutável no tempo e no espaço. É preciso verificar se o direito ambiental foi se modificando no tempo e no espaço e ganhando outros níveis de densidade.

Sirvinskas[107], ao tratar do tema, explana o surgimento de uma consciência ecológica crescente desde a antigüidade até os nossos dias, destacando em especial a evolução normativa no Brasil, que ratifica o sentido de transatividade que caracteriza o direito ao meio ambiente como difuso.

De resto, esta é a posição de Fiorillo, ao ponto em que define o direito ao meio ambiente como essencial à sadia qualidade de vida, arrematando que este é um requisito fundamental "para que se caracterize como um bem ambiental e seja traduzido como difuso"[108].

Em que se pese a restrição apontada, pensamos diferente, a tutela do meio ambiente tem por finalidade a existência humana; trata-se, assim, de garantia à vida, que por definição é difusa, pouco importando que a tutela ambiental seja possível de ser adequada ao qualificativo de um bem.

O direito ao meio ambiente equilibrado e sadio é um instrumento de garantia à vida e, nesse sentido, é difuso, independentemente de sua feição jurídica ou mesmo de seu possível enquadramento em um esquema intelectivo.

105 SMANIO, Gianpaolo Poggio. *A tutela Penal dos interesses difusos*. São Paulo: Atlas, 2000, p. 29.

106 MANCUSO, Rodolfo de Camargo. *Interesses Difusos*. São Paulo: RT, 2000, p. 97.

107 SIRVINSKAS, Luis Paulo. *Manual de Direito Ambiental*. São Paulo: RT, 2002, p. 9.

108 FIORILLO, Celso Antonio Pacheco. *Curso de Direito Ambiental Brasileiro*. São Paulo: Saraiva, 2001, p.12.

Em verdade, não há dúvida de que a garantia da vida não se limita pelo reconhecimento formal da ordem jurídica; na medida em que aquela se desdobra em direitos humanos, prescinde de normatização para se constituir em valores socialmente tutelados.

Deste modo, não resta dúvida de que o direito ao meio ambiente é difuso, e nesse sentido é predisposto a essa condição, em especial, à tutela concreta por meio de instrumentos processuais adequados a essa categoria de direitos.

Dessa primeira abordagem, assim, é preciso extrair dois fundamentos essenciais: o primeiro, de que os direitos ambientais, em razão de sua natureza difusa, devem ser tutelados pelo Estado, inclusive pela prestação jurisdicional; segundo, que a tutela do Estado deve levar em consideração o interesse de toda a sociedade.

Esses aspectos são fundamentais porque apontam para a necessidade de se tratar dos direitos ambientais do ponto de vista de direitos que podem e devem ser regulados judicialmente para proporcionar a vida digna dos cidadãos.

No âmbito processual, porém, é preciso ter em vista que a decisão judicial pode assumir uma função regulatória e, para tanto, deve se servir das técnicas e meios necessários.

Esse planejamento constitui-se na pedra de toque estratégica para uma ação judicial comprometida com o alcance da tutela daqueles direitos difusos de natureza ambiental.

Decisões judiciais devem ser estruturadas como meio razoável e adequado de intervenção do Estado, com a finalidade de estabilizar a atividade econômica em consonância com a preservação e tutela do direito de natureza ambiental.

No entanto, como toda atividade de planejamento, é preciso estabelecer os critérios que deverão ser utilizados para selecionar as diretrizes que deverão compor um plano de ação contido em uma decisão judicial estruturada.

10.3. DECISÃO JUDICIAL E MEIOS DE CONCRETIZAÇÃO

Para elaboração de uma sentença, devem ser adotados alguns critérios seletivos, que levam em consideração a importância de determinados fatores na elaboração do plano estruturado de atividades.

Para a construção desse plano, no entanto, é preciso que se crie um cenário onde seja possível reproduzir, ainda que limitadamente, as mais relevantes condições reais do funcionamento do mercado e da sociedade civil.

Estabelecendo-se tal cenário, é possível determinar a ação judicial centrada nos aspectos mais importantes e que levem aos processos modificadores desejados.

Ao tratar do tema, Garcia[109], aponta que o setor público, ao intervir na esfera econômica, tem três funções essenciais: 1) Função alocativa, 2) Função distributiva, 3) Função estabilizadora.

Na função alocativa, a finalidade da intervenção será, em regra, o fornecimento de bens ou serviços não adequadamente oferecidos pelo mercado.

A função distributiva se destina a propiciar uma redistribuição da renda por meio da retirada de recursos dos segmentos mais ricos da sociedade, com a transferência para os segmentos menos favorecidos.

As políticas relativas à terceira função visam estruturar a ação do Estado, com a finalidade de determinar resultados econômicos não gerados de forma natural pela dinâmica do mercado.

Neste campo ocorre a necessidade fundamental de atuação judicial para possibilitar a estabilização da atividade econômica por meio da articulação entre o Estado, a sociedade e os agentes econômicos com vistas à defesa dos direitos difusos.

Nessa última função interventiva, o Estado procede a regulação dos mercados de forma a produzir os resultados pretendidos pela sociedade e que, de outra forma, dificilmente seriam obtidos.

Vê-se, assim, que a decisão judicial pode viabilizar o equilíbrio da atividade econômica na medida em que o Estado, intervindo nesse campo, estabelece determinados objetivos que devem ser alcançados.

É através da função estabilizadora que a Jurisdição atua eficientemente na proteção ao meio ambiente e que deverá ser atendida pelos agentes econômicos.

Nesse sentido, a decisão judicial para viabilizar a proteção dos interesses difusos de natureza ambiental pode assumir a função de um instrumento de planejamento e ação estratégica voltado para tais resultados.

109 GARCIA, Manoel Enriquez. *Manual de Economia* – Equipe de Professores da USP. São Paulo: Saraiva, 1998, p.558.

Esses instrumentos de intervenção podem produzir o alcance dos resultados em função de modificações em diversos níveis econômicos, que podem ser sistematizados do seguinte modo:

a) Instrumentos de alteração de dados

b) Instrumento de alteração de objetivos

Tais instrumentos serão analisados separadamente.

a) Alteração de dados

Os fenômenos econômicos estão vinculados a determinadas *condicionantes.* Estas influem decisivamente sobre aqueles e em certo sentido os superordenam, na medida em que, se alterando, promovem modificações daqueles.

Os dados, assim, determinam como o mercado, os agentes econômicos atuarão, e, por isso, possuem uma importância, por assim dizer, infraestrutural no desenvolvimento da ação econômica.

Essas condicionantes podem possuir várias naturezas, tais como fatores climáticos, físicos, legais, culturais, etc.[110].

O primeiro instrumento de ação judicial se manifesta por uma intervenção que modifique os dados relevantes para determinação das atividades econômicas.

Evidentemente, nem todos os dados de suporte à atividade econômica podem sofrer alteração segundo uma decisão judicial e no tempo a ela correlato. Isso quer dizer que apenas algumas variáveis (dados) são endógenas.

O clima, por exemplo, é uma variável exógena e incerta que repercute gravemente na economia, sendo, assim, um dado, mas que apresenta, no atual *status* tecnológico, verdadeira impossibilidade de intervenção.

De outro lado, existem os dados modificáveis, como, por excelência, o regramento jurídico de uma determinada atividade econômica.

Esse regramento, quando alterado, leva à modificação da dinâmica do mercado, e, por sua natureza, está amplamente sujeito à ação estatal.

A alteração legal pode ocorrer tanto por alterações legislativas quanto por determinação judicial.

110 NUSDEO, Fábio. *Curso de Economia.* São Paulo: RT, 2000, p.187.

Deste modo, o primeiro sistema de ação leva a realização de um objetivo por meio da intervenção nos dados econômicos (modificáveis), alterando-lhes o sentido para vetorizar a economia.

b) Alteração de Objetivos

A intervenção judicial pode acontecer também em outra esfera, que é a dos próprios fenômenos econômicos, de forma direta e imediata.

Isso ocorre quando um determinado fenômeno econômico deixa de ser regulado pela interação do mercado e passa a ser regido pela ação estatal.

Nesse modo de ação, o Estado age para "subtrair ao próprio mercado a determinação de certas variáveis"[111].

Isso pode ocorrer, por exemplo, quando os preços de determinados bens e serviços passam a ser estipulados pelo Poder Público por meio de tabelamento ou ainda, quando o Estado passa a agir no mercado na qualidade de *player*.

Esses dois modos de atuação, assim, concretizam instrumentos de atuação judicial e se manifestam como meios reais de exercício do poder político, visando um resultado específico.

10.4. DECISÃO JUDICIAL E EXTERNALIDADES NEGATIVAS

O processo de aproveitamento dos recursos naturais pode levar à geração de situações marginais desejáveis ou indesejáveis. Ao tratar do tema, Abdalla de Moura destaca: "Em economia, o conceito de externalidade refere-se à ação que um determinado sistema de produção causa em outros sistemas externos"[112].

Nesse sentido, os efeitos marginais benéficos serão chamados de "externalidades positivas" e os efeitos indesejáveis de "externalidades negativas".

Detalhando esse aspecto, Oliveira aponta que: "há uma externalidade negativa quando a atividade de um agente econômico afeta negativamente o bem-estar ou lucro de outro agente e não há nenhum mecanismo de mercado que faça com que este último seja compensado por isso"[113].

---

111 NUSDEO, Fábio. *Curso de Economia*. São Paulo: RT, 2000, p.189.

112 MOURA, Luiz Antonio Abdalla de. *Economia Ambiental*. São Paulo: Juarez de Oliveira, 2000, p.5.

113 OLIVEIRA, Roberto Guena de. *Manual de Economia* – Equipe de Professores da USP. São Paulo: Saraiva, 1998, p.569.

As externalidades negativas, assim, possuem dois aspectos bastante claros e que as delineiam: a) o seu aspecto marginal e prejudicial; b) a inexistência de meios de compensação pelos prejuízos gerados.

Esses aspectos, quando traçados no campo de um estudo da questão ambiental, demonstram que ocorre esse tipo de externalidade quando o uso dos bens ambientais gera aquele efeito negativo sem que haja meio de compensação aos demais agentes econômicos, bem como à própria sociedade.

Esses aspectos demonstram de forma objetiva que o efeito lesivo é gerado como um resultado não pretendido, mas aceito pelos produtores das externalidades negativas.

De outro lado, verifica-se que não existem meios próprios na dinâmica de mercado capazes de gerar a compensação necessária aos danos sofridos pelos demais agentes econômicos e pela sociedade como um todo.

Então, se apresenta o problema de como evitar essas externalidades e de, tendo elas já ocorrido, como estabelecer meios para que os responsáveis arquem com a compensação dos danos.

No que se refere a evitar as externalidades, tem-se aceito que em regra esses efeitos decorrem de um sistema inadequado de aproveitamento de recursos naturais (bens ambientais difusos), gerador de poluição, que é por definição a externalidade negativa fundamental no campo do estudo ambiental.

Porter destaca que:

> As ineficiências dos recursos são mais evidentes na forma de utilização incompleta dos materiais e de controles deficientes dos processos, que resultam em desperdícios, em defeitos e no armazenamento de materiais desnecessários. Mas também há muitos outros custos ocultos, encobertos no ciclo de vida do produto (...). Como defeitos, a poluição frequentemente revela falhas no projeto do produto ou no processo de produção.[114]

Como se observa, as externalidades negativas relevantes do ponto de vista ambiental, em especial a poluição, decorrem de processos de aproveitamento deficientes. Daí surge a pergunta: o que fazer para aperfeiçoar tais processos?

---

114 PORTER, Michael E. *Competição*. Rio de Janeiro: Campus, 1999, p.375.

Basicamente é preciso que os agentes sejam capazes de adotar os mesmos passos dos programas de qualidade, ou seja, "utilização mais eficiente dos insumos, eliminação da necessidade de materiais perigosos e de difícil manuseio, supressão das atividades prescindíveis"[115].

Facultar às empresas que fabricam bens geradores de externalidades negativas de natureza ambiental a adoção livre de meios de combater esses efeitos, significa facultar a elas reconhecer, transferir ou não seus custos para terceiros (no caso os demais agentes ou ainda a própria sociedade) ou simplesmente não considerar as externalidades como custos.

Evidentemente, a faculdade determinaria a não adoção de nenhum meio de evitar tais externalidades na medida em que houvesse redução de lucros ou perda de competitividade.

Do ponto de vista estratégico, nenhuma companhia adotaria como decisão em um sistema não cooperativo, internalizar os custos de poluição se não fosse peremptoriamente obrigada a isso.

Nesse tipo de situação podemos aplicar a teoria dos jogos[116] para tentar identificar qual seria a ação estratégica mais adequada, pressupondo que o mercado em que tais empresas atuam não permita cooperação e que elas hajam com racionalidade.

Analisando, as empresas que internalizam os custos ambientais têm sua lucratividade reduzida em igual proporção. De outro lado, se as demais concorrentes não internalizam, os seus lucros são maximizados.

Nessa situação, tomando por base o que cada uma está optando por fazer, nenhuma delas em face da não internalização pela outra, voluntariamente decidiria em sentido diverso.

A solução estratégica para cada empresa, aplicado a teoria dos jogos, seria não internalizar os custos, pois sua lucratividade seria maior. Essa mesma hipótese se repetiria se aplicássemos o equilíbrio de Nash.

Nesse sentido, as empresas, escolhidas as estratégias, dificilmente fariam qualquer modificação de forma voluntária. Desse modo, a decisão judicial pode representar o meio necessário de modo a garantir a efetiva atuação estatal.

115 PORTER, obra citada, p. 376.

116 A respeito da teoria dos jogos aplicada às questões concorrenciais vide Landsbury, Steven E. Price *Theory and applications*. Dryden Press, Second Edition, 1992, p. 392.

No caso da regulação direta, evidentemente, há a intervenção sobre os dados, uma vez estabelecida uma regra jurídica que deve ser atendida com a pretensão de gerar efeitos na dinâmica do mercado.

Não se poder perder de vista que a regulação decorrente de uma decisão judicial não pode tomar como ponto de partida a ocorrência de um dano como pressuposto essencial, tema a ser analisado na seção seguinte.

10.5. OS PRINCÍPIOS DA PREVENÇÃO E DA PRECAUÇÃO

A formação do Direito Ambiental sempre teve em vista que as repercussões dos danos ambientais em geral refogem ao poder de previsão dos estudiosos.

A história dos estudos ecológicos é repleta de exemplos em que a intervenção humana acabou por gerar efeitos sequer cogitados pelos agentes, demonstrando que nesse campo a cautela é um elemento determinante.

Vale dizer que a doutrina tem reconhecido a relação entre o princípio da precaução e o da prevenção, procurando, contudo, delineá-los individualmente. O primeiro estaria direcionado a evitar a ocorrência de danos, ainda que exista incerteza científica a respeito da possibilidade de sua ocorrência; o segundo, mais genérico, estaria comprometido com uma atuação que objetiva evitar a ocorrência de danos ambientais.

Tratando do princípio da prevenção. Fiorillo destaca que "a prevenção é preceito fundamental, uma vez que os danos ambientais, na maioria das vezes, são irreversíveis e irreparáveis"[117].

Assumir tal direito como fundamental não somente permite colocá-lo como um parâmetro para a ação estatal, qualquer que seja o seu nível ou função, como também reconhecê-lo como positivamente tutelado pela Constituição Federal.

Trata-se da aplicação da clássica posição de Canotilho, que considera fundamental um direito humano quando seu grau de normatização alcançou o nível constitucional e por isso é oponível a qualquer autoridade, ou mesmo aos agentes privados, capaz, assim, de ser operacionalizado internamente[118].

117 FIORILLO, Celso Antônio Pacheco. *Curso de Direito Ambiental Brasileiro*. São Paulo: Saraiva, 2001, p. 35.

118 CANOTILHO, JJ Gomes. *Direito Constitucional e Teoria da Constituição*. Coimbra-Portugal: Almedina, 2000, p. 353.

Não por acaso, o princípio da prevenção foi alçado ao nível de um verdadeiro princípio estruturante do direito ambiental, tendo Fiorillo anotado que "Trata-se de um dos princípios mais importantes que norteiam o direito ambiental"[119].

Logo, é certo que o princípio da prevenção, versão mais abrangente da diretriz prudencial, está estruturado inclusive constitucionalmente, de modo a condicionar decisões em matéria ambiental.

Mesmo o principio da precaução, especialização do princípio da prevenção, também foi erigido teoricamente como forte base para uma atuação efetiva de proteção ao ambiente.

A precaução decorre da percepção de que a evolução tecnológica permite sucessivamente a constatação de efeitos que não podiam antes ser detectados, fazendo com que os estágios momentâneos de segurança que ensejam decisões acerca de matérias ambientais estejam sempre sob contínua avaliação.

Desse modo, o agir prudencial se pauta sempre por colocar em devida perspectiva o conhecimento humano, isto é, decidir partindo do reconhecimento óbvio de tudo aquilo em que acreditamos em termos científicos é fundamentalmente contextual.

Isso é especialmente importante quando questões ambientais são submetidas ao Poder Judiciário, posto que o processo civil tradicional não oferece um aparelhamento instrumental sempre adequado a subsidiar decisões nesse campo, notadamente no que diz respeito à produção probatória.

Impõe-se ao órgão decisor um juízo de avaliação muito mais profundo que o produzido em termos de simples apreciação equitativa de elementos de prova, que se manifesta como diretriz de atuação na teoria processualista clássica em demandas de natureza individual.

Os princípios prudenciais estabelecem uma presunção jurídica que recomenda que, diante de uma situação de risco, deve ser tomada a medida que melhor proteja o ambiente.

Esse agir prudencial também constitui o cerne do princípio da precaução, como bem aponta Morato Leite: "o princípio da precaução determina que a ação para eliminar possíveis impactos danosos ao ambiente

119 FIORILLO, Celso Antonio Pacheco. *Curso de Direito Ambiental Brasileiro*. São Paulo: Saraiva, 2001, p. 35.

seja tomada antes de um nexo causal ter sido estabelecido com evidência científica absoluta"[120].

O princípio, assim, determina uma conduta protetiva sempre que o elemento determinante da decisão seja uma análise de natureza científica.

Com bastante propriedade, a doutrina especializada[121] tem apontado que a concepção do princípio da precaução pode determinar diversos níveis de extensão dessa protetividade, sem contudo colocar em dúvida seu aspecto prudencial.

A relação do princípio com a potencialidade do risco de ocorrências de situações danosas foi percebida por Derani, ao pontuar que "Na verdade é uma precaução contra o risco que objetiva prevenir já uma situação de perigo ou garantir uma suficiente margem de segurança da linha de perigo"[122].

Fica evidente que os princípios prudenciais da prevenção e da precaução foram erigidos sob uma forte base teórica capaz de oferecer elementos que repercutem incisivamente sobre os demais ramos do direito, em especial sobre o direito processual.

Isso quer dizer que esses princípios materiais repercutem claramente no âmbito do processo civil, refundindo seus institutos de modo a tornar possível a tutela do meio ambiente consagrada constitucionalmente.

É preciso chamar a atenção para o fato de que os direitos difusos estão cada vez mais sendo objeto de apreciação dos Tribunais, que devem, por sua vez, ter em vista a necessidade de adaptação dos tradicionais instrumentos a um novo tipo de demanda.

10.6. CONCLUSÃO

As demandas de natureza ambiental, muitas vezes, requerem a atuação judicial para atuar como formulador de regras capazes de influenciar na atividade econômica.

A decisão judicial, assim, apresenta-se como um marco regulatório que pode interferir na equação econômica, sendo, nesse caso, um instrumento

120 MORATO LEITE, José Rubens. *Dano Ambiental:* do individual ao coletivo extrapatrimonial. São Paulo: RT, 2003, p. 46.

121 FERREIRA, Helini Sivini; MORATO LEITE, José Rubens (orgs*). Estado de Direito Ambiental*: Tendências. Rio de Janeiro: Forense Universitária, 2004, p. 202.

122 DERANI, Cristiane. *Direito Econômico Ambiental*. São Paulo: Max Limonadi, 2001, p. 169.

de ação estatal que deve estar assentado sobre uma adequada concepção do problema, de modo a gerar a efetiva tutela desses direitos.

A correção das externalidades negativas, como demonstrado, é insuscetível de ser produzida livremente pelas interações de mercado o que reforça o papel da Jurisdição.

A correção de externalidades, porém, não significa que o Judiciário deva supor que sua ação dependa apenas de fixação de meios de compensação por danos já causados. Sua intervenção inibitória é fundamental quando estão em jogo os direitos difusos de cunho ambiental.

Capítulo

11

O PROCESSO CIVIL AMBIENTAL: A RESPONSABILIDADE POR DANOS ACIDENTAIS SOB A PERSPECTIVA DA ANÁLISE ECONÔMICA DO DIREITO E A ABORDAGEM DE LEONARD HAND.

11.1. APRESENTAÇÃO DO PROBLEMA

Um dos problemas centrais quanto à reparação dos danos ambientais diz respeito à averiguação quanto à configuração da conexão jurídica entre o fato lesivo e a sua respectiva autoria.

De modo geral, essa questão é respondida com base no princípio do poluidor-pagador. A literatura, de modo a configurar um nexo de causalidade entre o dano, muitas vezes uma externalidade negativa, e o responsável por sua reparação, explica que tal padrão normativo:

> Visa imputar ao poluidor o custo social da poluição por ele gerada, engendrando um mecanismo de responsabilidade pelo dano ecológico abrangente dos efeitos da poluição não somente sobre bens e pessoas, mas sobre toda natureza[123].

123 MILARE, Edis. *Direito do Ambiente*. São Paulo: RT. 2001, p. 116.

Essa noção, assim, permite a configuração de um vínculo jurídico reconstituído retrospectivamente, por meio do processo judicial, na medida em que, analisando um fato lesivo presente, localiza sua causa no tempo e, assim, imputa a autoria.

O cerne da questão, desta maneira, manifesta-se na busca pela formação do binômio autoria-responsabilidade.

No caso do dano ambiental o regime de responsabilidade é o objetivo. Embora amplamente reconhecido pela doutrina e pela legislação, o fundamento para a incidência desse regime quase sempre, paradoxalmente, sustenta-se em uma explicação histórica e fundada nos pressupostos do direito individual, por exemplo: "a responsabilidade civil objetiva funda-se num princípio de equidade, existente desde o Direito Romano: aquele que lucra com uma atividade deve responder pelo risco ou pelas desvantagens dela resultantes"[124].

Essa explicação é evidentemente insuficiente e equivocada do ponto de vista de uma leitura consorciada dos princípios que regem atualmente o direito ambiental.

A Análise Econômica do Direito oferece ferramentas teóricas que indicam um conjunto de fundamentos, racionalmente, mais robustos e capazes de, sistematicamente, ponderar os princípios ambientais.

No presente ensaio pretende-se examinar o problema dos fundamentos da responsabilização pelos danos ambientais acidentais e demonstrar que, ao contrário do que vem sustentando a literatura especializada, seu fundamento deve ser situado no campo dos princípios da prevenção e da precaução e não na leitura clássica da responsabilidade como entendida no plano do direito civil.

11.2. A CULPA EM SENTIDO ESTRITO E A FÓRMULA DE HAND

Nossa tradição jurídica tem equacionado a configuração de responsabilidade em função da intencionalidade. Desse modo, nosso sistema constitui o dever de reparação mediante a aferição da vontade em produzir o dano, traçando dois grandes ambientes: o que a intenção será essencial para a responsabilização, a que chamamos, um tanto livremente, responsabilidade civil pelo método subjetivo, e um outro, cuja pesquisa da intenção é des-

124 MILARÉ, op. Cit., p. 429.

necessária em função da ênfase na aferição do resultado, a que intitulamos de responsabilização pelo método objetivo.

No método subjetivo há diversidade na manifestação da intenção em gerar o resultado que produziu a curiosa classificação entre os fatos causados intencionalmente por dolo e os atos causados, sob a ficção da intenção, por defeito na atuação da vontade do agente, configurando a culpa sob três modalidades: a imperícia, a imprudência e a negligência.

Imperícia é a falha técnica não escusável cometida por quem, em tese, possui a habilidade e capacitação necessárias. A negligência é a falta de cuidado, de atenção, que era razoável esperar do infrator em determinada situação específica. A imprudência, enfim, se manifesta por meio da assunção excessiva de riscos pelo infrator ao praticar ou omitir-se de praticar o fato que se constitui como infração à norma.

Em outras palavras, o nexo de causalidade pode ser constituído pela revelação de uma conduta intencional direcionada ao resultado ou por uma intenção presumida em razão de defeitos acidentais da conduta do agente.

Naquelas três situações, percebe-se que a responsabilização depende de uma avaliação, *ex post*, acerca da conduta tida por causadora da lesão que constitui a base do pleito por indenização.

O núcleo da configuração da responsabilidade nesses casos depende, assim, de uma crítica posterior – uma vez que promovida em julgamento que sempre superveniente à conduta questionada – tendo por paradigma uma conduta ideal construída também posteriormente.

Logo, a aferição da culpa em sentido estrito em nosso sistema depende da possibilidade de construção de uma conduta ideal e o grau de desvio do agente em relação a ela.

Naturalmente, a análise desse tipo de problema desperta acirrados debates, quase nunca se podendo chegar a uma conclusão que possa ser amplamente aceita pelas partes envolvidas.

Esse mecanismo teórico permite duas ordens de crítica: a primeira, óbvia, é que esses julgamentos tendem a ser injustos, uma vez que a conduta ideal é construída e aplicada retroativamente, isto é, é definida em um julgamento cuja finalidade é qualificar um fato ocorrido no passado e para o qual não havia conduta-modelo a que as partes pudessem aquiescer e seguir. A segunda é que não se pode pretender nenhuma racionalidade em julgamentos como esses, porque a conformação da conduta-modelo depende em tal patamar da própria expectativa do avaliador que não poderia esperar qualquer previsibilidade de resultado.

Resta saber se esse modelo pode ser estendido ao direito ambiental, sem qualquer ressalva ou qualificação.

Como se antecipou na apresentação do problema sob exame, a tese não se sustenta em função do fato de que nosso ordenamento impõe a responsabilização objetiva em que a intenção é dado desnecessário para a formação do dever de reparar.

A despeito disso, questiona-se: a responsabilidade objetiva pode ser estruturada no campo ambiental, por exemplo, fazendo recurso à fórmula de Hand, de modo a escusar os danos acidentais?

Desde logo, destaca-se que, no direito americano e inglês, ambiente natural da análise econômica do direito, a expressão negligência, geralmente, denota todas as formas de culpa em sentido estrito, pelo que se passa, no presente texto, a utilizá-la nesse sentido.

A análise econômica do direito tem sido especialmente aplicada no campo da negligência, sobretudo para tentar oferecer um modelo alternativo à "qualificação" *ex post* da conduta do agente que comporta as críticas que antes expusemos.

Em várias situações a análise econômica do direito serve-se da fórmula de Hand[125] para verificar se uma conduta pode ser considerada como negligente ou não, dependendo dos esforços do agente em evitar o resultado.

O núcleo da fórmula de Hand está centrado na ideia de evitabilidade precaucional do dano, ou seja, a conduta poderá ser considerada negligente ou não em função dos custos da prevenção.

Desse modo, a responsabilização deriva da análise do nível eficiente de precaução que deveria o agente adotar em relação ao dano potencial. Os custos comparativos são decisivos para formar o juízo a respeito da reparabilidade de uma lesão.

Na fórmula, a probabilidade do dano corresponde a (P), sua amplitude a (L) e o custo de prevenção do fato, (B).

125 Ver a respeito a crítica de Richard Wright em: "Hand, Posner, and the Myth of the 'hand Formula". *In*: *Symposium, Negligence in the Law*, 4 Theoretical Inquiries in Law 145 (2003).

A esse respeito, Posner expõe que "Hand escribió que um victimario potencial es negligente si y solo si B<PL"[126]. Desta maneira, a conduta negligente é qualificada não por seus aspectos subjetivos, isto é, relacionados à extensão da imperfeição da intenção, mas sim por aspectos relacionados ao próprio custo de prevenção do fato.

Logo, sempre que os custos de prevenção forem maiores que o valor obtido da função constituída pela probabilidade e extensão da perda, o agente não poderá ser considerado negligente. O sentido contrário também é verdadeiro, ou seja, se o custo de prevenção for menor, o agente será negligente.

Desse modo, pode-se concluir que a extensão e a probabilidade do dano constituem-se como paradigmas para a configuração da negligência e, por via de consequência, para a exigência de reparação.

Na jurisprudência americana, alguns casos foram emblematicamente resolvidos mediante a aplicação da fórmula de Hand. O caso *Hendricks vs. Peabody Coal Co.* é um dos mais citados. Nele, a companhia foi condenada a pagar a indenização por ter o autor se acidentado ao nadar em um poço de mina inundado, porque os custos de prevenção (cerca) eram muitos menores que o dano físico sofrido pela vítima.

Deste modo, a fórmula de Hand sugere não uma avaliação subjetiva da conduta, mas uma objetivação em termos de custos, capazes, assim, de gerar uma apreciação mais apurada da negligência.

Merece lembrete que a aplicação da fórmula possibilita duas vertentes. De um lado, digamos, menos ambicioso, permite considerar em uma dada situação qual comportamento pode ser razoavelmente esperado e, em função disso, capaz de retratar a negligência. Uma outra visão, mais abrangente, considera os custos que a sociedade é obrigada a assumir quando não é adotada a conduta eficiente de precaução do risco e, por isso, serve como base para a crítica das normas vigentes.

É importante, porém, questionar se a fórmula de Hand pode ser transplantada para qualquer ambiente normativo sem a devida qualificação do cenário jurídico em tela.

O apelo a uma incidência geral poderia levar a uma reformulação substancial do regime de reparação dos danos ambientais a serem examinados

126 POSNER, Richard. *El análisis económico del derecho*. Mexico: FCE, 2007, p. 272.

no presente estudo. Inclusive criando, nos nossos termos, um excludente de responsabilidade de largo alcance.

Na seção seguinte desenvolve-se melhor o tema.

11.3. ATRIBUIÇÃO DE REPONSABILIDADE NOS DANOS ACIDENTAIS E A ANÁLISE ECONÔMICA NO CASO DE NEGLIGÊNCIA

Quando se está diante da possibilidade de causação de um dano acidental, o cenário normativo pode caminhar em, sinteticamente, três direções diferentes.

Essas três alternativas retratam os diversos modelos teóricos que o quadro normativo pode abranger. Exatamente pela possibilidade de formação de múltiplos cenários é que essa estratégia é examinada pela análise econômica do direito, procurando, de forma consistente, explicar quais condutas serão adotadas pelos agentes.

A primeira direção consiste em, simplesmente, não atribuir qualquer responsabilidade na ocorrência de um dano não intencional. A ausência de responsabilidade determinará uma conduta racionalmente provável: simplesmente o agente deixará de tomar qualquer medida precaucional. Neste sentido, Shavell expõe: "*if there is no liability for accidents, injurers will not exercise any care*"[127]. A razão dessa conclusão é óbvia: o investimento em precauções representa um custo que não gera qualquer benefício, pelo que se pode supor que o agente causador de modo algum adotará comportamento diverso.

A segunda direção é a aferição da responsabilidade em função do nível precaucional adotado frente à extensão do dano e sua probabilidade.

Apenas nesta vertente a fórmula de Hand, adotada pelo principal teórico da Análise Econômica do Direito, tem aplicação.

Ela sugere que o adequado nível de proteção pode ser decisivo. Isso porque o nível eficiente de precaução a ser adotado pelo causador potencial do dano é relacionado à probabilidade e extensão do dano. Desse modo, somente é razoável esperar que este invista em precaução se isso promover a economia no pagamento de indenizações derivadas dos danos potenciais.

---

127 SHAVELL, Steven. *Foundations of economic analysis of law*. Cambridge: Havard University Press. 2004, p. 179.

O desafio, portanto, consiste em aferir o nível de precaução adequado em cada caso, mas isso só faz sentido se há liberdade de ação por parte do agente quanto à assunção de riscos de reparação do ponto de vista do panorama normativo.

Desse modo, é plausível que os danos não intencionais sejam calculados tendo em vista o padrão precaucional. Em função dessa premissa, os agentes conceberão livremente suas estratégias de gestão do dever de reparação, assumindo, porém, que níveis insuficientes levarão à responsabilização. A esse respeito, Shavell aponta: "*under the negligence rule, an injurer is held liable for the accident losses he causes only if he was negligent, that is, only if his level of care was less than a level called due care that the courts specify*"[128].

A terceira direção consiste na imposição normativa de que a intenção será desconsiderada, criando um padrão de responsabilização incondicional pelos danos acidentais.

Esse modelo deverá estimular os agentes a adotar o maior nível de precauções, no intuito de precaver quanto à possibilidade de ocorrência de danos. Aceca dele, Rodrigues aponta: "um regime de responsabilidade incondicional, ao obrigar o causador a suportar danos que eventualmente não estava ao seu alcance evitar é muitas vezes sentido como injusto"[129].

Por outro lado, do ponto de vista da eficiência esse modelo sugere a tomada do mais amplo nível de precaução. Rodrigues analisa "se o condutor tiver que suportar a totalidade dos custos originados pelo acidente [...] é levado, na defesa do seu interesse privado, a adoptar o comportamento mais eficiente"[130].

No caso dos danos ambientais acidentais, nosso sistema rejeita as duas primeiras direções. A responsabilidade objetiva fundada na incondicionalidade força necessariamente a eleição do maio nível de precaução contra os eventuais danos.

Nesse sentido, a lei 6.938/1981, no parágrafo primeiro do art. 14, insere o marco normativo essencial para a contextualização da responsabilidade pelo dano ambiental.

---

128 SHAVELL, 2004, op. Cit., p. 180.

129 RODRIGUES, Vasco. *Analise Econômica do Direito*. Coimbra: Almedina, 2007, p. 92.

130 RODRIGUES, 2007, op. Cit., p. 92.

Esse modelo, assim, claramente está comprometido com a maximização dos meios de precaução porque a ampliação tende a impedir a ocorrência dos danos e, deste modo, a ocorrência dos fatos que se pretende evitar.

11.4. OS PRINCÍPIOS PRUDENCIAIS E A RESPONSABILIDADE AMBIENTAL OBJETIVA

O emprego da análise econômica demonstra que a introdução do modelo de responsabilidade objetiva promove a expansão dos investimentos em precaução e, com isso, alcança a tutela do meio-ambiente de maneira a impedir o máximo possível a ocorrência de danos.

A formação do Direito Ambiental sempre teve em vista as repercussões dos danos ambientais em geral escapam ao poder de previsão dos estudiosos.

Vale dizer que a doutrina tem reconhecido a relação entre o princípio da precaução e o da prevenção, procurando, contudo, delineá-los individualmente. O primeiro estaria direcionado a evitar a ocorrência de danos ainda que exista incerteza científica a respeito da possibilidade de sua ocorrência, o segundo, mais genérico, estaria comprometido com uma atuação que objetiva evitar a ocorrência de danos ambientais.

Tratando do princípio da prevenção, Fiorillo destaca que "a prevenção é preceito fundamental, uma vez que os danos ambientais, na maioria das vezes, são irreversíveis e irreparáveis"[131].

Assumir tal direito como fundamental não somente permite colocá-lo como um parâmetro para a ação estatal qualquer que seja o seu nível ou função, como também reconhecê-lo como positivamente tutelado pela Constituição Federal.

Trata-se da aplicação da clássica posição de Canotilho, que considera fundamental um direito humano quando seu grau de normatização alcançou o nível constitucional e por isso é oponível a qualquer autoridade ou mesmo aos agentes privados, capaz assim de ser operacionalizado internamente[132].

Não por acaso, o princípio da prevenção foi alçado ao nível de um verdadeiro princípio estruturante do direito ambiental, tendo Fiorillo ano-

131 FIORILLO, Celso Antonio Pacheco. *Curso de Direito Ambiental Brasileiro*. São Paulo: Saraiva, 2001, p. 35.

132 CANOTILHO, J.J. Gomes. *Direito Constitucional e Teoria da Constituição*. Coimbra-Portugal: Almedina, 2000, p. 353.

tado que "trata-se de um dos princípios mais importantes que norteiam o direito ambiental"[133].

Logo, é certo que o princípio da prevenção, versão mais abrangente da diretriz prudencial, está estruturado, inclusive constitucionalmente, de modo a condicionar decisões em matéria ambiental.

Mesmo o princípio da precaução, especialização do princípio da prevenção, também foi erigido teoricamente como forte base para uma atuação efetiva de proteção ao ambiente.

Os princípios prudenciais estabelecem uma forte base teórica que se inter-relaciona com os demais princípios ambientais, de modo a fornecer subsídios de interpretação e justificação teórica que transcende a linha da simples articulação de medidas de ação gente à incerteza.

Esse agir prudencial constitui o cerne do princípio da precaução, como bem aponta Morato Leite: "o princípio da precaução determina que a ação para eliminar possíveis impactos danosos ao ambiente seja tomada antes de um nexo causal ter sido estabelecido com evidência científica absoluta"[134].

Com bastante propriedade, a doutrina especializada[135] tem apontado que a concepção do princípio da precaução pode determinar diversos níveis de extensão dessa protetividade, sem, contudo, colocar em dúvida o seu aspecto prudencial.

A relação do princípio com a potencialidade do risco de ocorrências de situações danosas foi percebida por Derani ao pontuar que "na verdade é uma precaução contra o risco que objetiva prevenir já uma situação de perigo ou garantir uma suficiente margem de segurança da linha de perigo"[136].

Essa estrutura principiológica é que determina que, mesmo na construção dos institutos teóricos do direito ambiental, os princípios prudenciais sejam exteriorizados de modo a conformar um sistema de racionalidade jurídica orientado para a inibição do dano.

Neste momento já temos os elementos necessários para demonstrar que a razão pela qual a responsabilidade objetiva foi atraída ao campo do

133 FIORILLO, Celso Antonio Pacheco. *Curso de Direito Ambiental Brasileiro*. São Paulo: Saraiva, 2001, p. 35.

134 MORATO LEITE, José Rubens. *Dano Ambiental: Individual ao Coletivo extrapatrimonial*. São Paulo: RT, 2003, p.46.

135 FERREIRA, Helini Sivini; MORATO LEITE, José Rubens (orgs.). *Estado de Direito Ambiental*: Tendências. Rio de Janeiro: Forense Universitária, 2004, p.202.

136 DERANI, Cristiane. *Direito Econômico Ambiental*. São Paulo: Max Limonadi, 2001, p.169.

dano ambiental não é, certamente, histórica ou fundada na célebre regra latina *cuique suum*.

Os princípios prudenciais determinam uma leitura do sistema de responsabilidade a partir da perspectiva preventiva dos danos, o que implica a indução dos agentes causadores a evitá-los por meio da adoção do mais amplo espectro de medidas precaucionais.

Esse resultado, porém, para ser obtido, exige a incondicionalidade do dever de reparar como manifestação clássica dos pressupostos teóricos da análise econômica do direito.

Em outras palavras, a responsabilidade objetiva é imprescindível porque é o meio eficiente de obrigar os destinatários a promover os mais amplos meios de precaução frente ao risco de produção de lesões o meio-ambiente.

Trata-se, inegavelmente, da simples conformação interna do próprio sistema principiológico do direito ambiental. O real fundamento, portanto, da incorporação da responsabilidade objetiva deriva da expansão interna dos princípios precaucionais, de modo a orientar a atração dos institutos materiais e processuais mais aptos à tutela do ambiente.

11.5. O NEXO DE CAUSALIDADE E RESPONSABILIDADE OBJETIVA

Como se demonstrou, a responsabilidade objetiva governa a aferição da responsabilidade por danos ambientais, não havendo qualquer alteração desse sistema pelo fato da acidentalidade, não cabendo, assim, a tentativa de invocação da fórmula de Hand.

Isso tudo não afasta, porém, a necessidade de que os elementos constitutivos da obrigação de reparar sejam perfeitamente demonstrados. Para que haja dever de indenizar, é necessário que exista o nexo de causalidade. Deste modo, o dever de reparar está conectado com o agente que promove a conduta que implica na ocorrência do dano.

A jurisprudência do Superior Tribunal de Justiça, há anos, tem consagrado a responsabilidade objetiva no caso do dano ambiental[137]. Tem, também, caminhado claramente no sentido de exigir a demonstração do liame causal.

137 Ver a respeito o REsp 1120117/AC, Rel. ministra Eliana Calmon, Segunda Turma, Julgado em 10/11/2009, DJe 19/11/2009 e a indicação, nele, dos precedentes no mesmo sentido.

É interessante apontar que, em algumas situações, mesmo o nexo tem sido dispensado, extrapolando assim a tradicional conformação da responsabilidade objetiva. No REsp. 620.872/DF, o Tribunal dispensou explicitamente a necessidade de demonstração do nexo de causalidade:

> [...] 3. A seu turno, o acórdão paradigma concluiu que a comprovação do nexo causal é prescindível para se responsabilizar o proprietário de área em reservas ambiental, com restrições impostas por lei, quanto ao danos sofridos pelo meio ambiente.
>
> 4. O acórdão paradigma encerra uma peculiaridade que foi determinante à conclusão pela dispensabilidade do nexo causal, a saber, a localização do imóvel em área rural com limitação estabelecida em lei, circunstância esta que não se encontra discutida no aresto embargado, restando caracterizada a ausência de similitude entre os julgados confrontado "[138].

Logo, pode-se apontar a tendência de expansão da responsabilidade objetiva nos danos ambientais para, inclusive, afastar-se, em algumas situações, do padrão geral da equação estrutural da responsabilidade civil.

11.6. A FÓRMULA DE HAND PODE TER EFEITO NA ESTIPULAÇÃO DA INDENIZAÇÃO?

Como foi demonstrado, em ambientes normativos governados pelo sistema da responsabilidade objetiva, há incompatibilidade da aplicação da fórmula de Hand como meio de configuração da negligência, isto é, em termos mais próprios à nossa tradição, da responsabilidade por culpa em sentido estrito.

Apontou-se, inclusive, que, em alguns casos, a jurisprudência brasileira tem ampliado o sistema da responsabilidade objetiva com repercussão na aferição do nexo de causalidade, o que afasta qualquer argumentação sustentada na adoção de meio de precaução quanto à ocorrência do dano.

Em função dessas duas conclusões preliminares, pode-se sustentar que a fórmula de Hand pode ser aplicada na fixação da indenização pelos danos ambientais?

A pergunta faz sentido, pois a configuração da responsabilidade que tem a função de identificar processualmente o patrimônio sobre o qual

138 EREsp 620.872/DF, Rel. Ministro Castro Meira, Primeira Seção, julgado em 10/09/2008, DJe 17/11/2008.

incidirá o dever de indenizar não implica diretamente no sucessivo reconhecimento da extensão da lesão.

Em outras palavras: o método objetivo permite a identificação do responsável, mas não a amplitude do dever de indenizar. Isso porque, como bem assentado pela literatura, a obrigação de reparação é "o principal efeito da responsabilidade civil, não se devendo confundir a ideia de ressarcimento com o ato ilícito"[139].

Nessa linha de abordagem, talvez se possa sustentar que, embora a fórmula de Hand não possa ser contemplada na investigação quanto à configuração da responsabilidade civil em si mesma, poderia ser aventada no momento da quantificação do dever reparatório, quando, então, os custos de precaução poderiam ser considerados como minorantes.

Poderia ser invocada em abono à ideia o próprio parágrafo único do art. 944 do Código Civil Brasileiro, que, ao tratar da quantificação do dano, expressamente admite a extensão da culpa como fator de redução da indenização.

Essa possibilidade argumentativa foi reconhecida por Stolze e Pamplona:

> A nova codificação civil brasileira trouxe à baila, no parágrafo único do referido dispositivo (artigo 944), uma inexplicável norma que limita a indenização em função da 'desproporção entre a gravidade da culpa e o dano', autorizando o juiz a reduzir equitativamente, a indenização[140].

Vale lembrar que a regra da responsabilização objetiva inserida em nosso sistema normativo pela Lei 6.938/1981 não trata dos efeitos da responsabilização, por exemplo, qualificando possíveis condutas minorantes do dever de indenizar.

Esse ambiente sugere que a regra geral da legislação civil, lida a partir da perceptiva de Hand, possa ter lugar quando se tem em vista os danos ambientais a a conduta precaucional, tendo o efeito de modular os efeitos indenizatórios.

Uma objeção a esse argumento seria elaborada em função da afirmação de que a redução da indenização em função da extensão da culpa está conectada ao sistema subjetivo que, como sustentei antes é o cenário

---

139 LISBOA, Roberto Senise. *Manual de Direito Civil, v.6*. São Paulo: RT. 2004, p. 666.

140 GAGLIANO, Pablo Stolze; PAMPLONA FILHO, Rodolfo. *Novo curso de direito civil', v.3*. 4 ed. São Paulo: Saraiva, 2006, p. 368.

habitual da aplicação da fórmula de Hand. Somente quando a culpa puder ser considerada é que a fórmula teria aplicação. No sistema objetivo, a irrelevância da culpa afastaria a possibilidade de redução por parte do juiz. Nesse exato sentido, o pleito por redução fundada na alegação de desproporcionalidade entre o grau de intencionalidade da conduta e o resultado não teria espaço no campo dos danos ambientais, em função da prevalência do sistema objetivo. Assim, o efeito indenizatório derivado da configuração da responsabilidade objetiva será integral, não sendo facultado ao juiz promover sua redução com base na legislação comum.

Admitindo-se, porém, que a possibilidade de redução da indenização, prevista na legislação comum, possa ter aplicabilidade geral[141], o cenário em questão modifica-se completamente. É que nesse caso, sendo a indenização calculada em função da extensão da culpa, os custos prudenciais poderiam ser invocados por meio da fórmula de Hand para sustentar a redução da indenização.

É lógico que, em tal hipótese, os investimentos em precaução seriam fatores de evidente redução do grau de culpa (negligência) de um agente, e quanto mais economicamente relevantes, mais implicariam na exigência proporcional de seu reconhecimento.

Nessas circunstâncias, aplicação da fórmula, em um sentido menos amplo, poderia ser cogitado, partindo do pressuposto de que a definição da indenização em si, em casos acidentais, está sujeita a uma avaliação global da situação lesiva, permitindo, nesse momento, um balanceamento das ações efetivamente tomadas em relação ao dano ocorrido.

Trata-se, assim, de uma possibilidade teórica justificável sobretudo em situações de arguição de acidentalidade tendo em vista fatos ou parâmetros fáticos fluidos, como os derivados de análise retrospectiva das técnicas empregadas e sua evolução.

O reconhecimento dos esforços precaucionais em situações danosas promoveriam o incentivo adequado para que os agentes passassem a investir neles como um sistema de seguros diante dos riscos.

Como o núcleo da tutela ambiental é a inibição dos fatos danosos, esse investimento em precaução seria desejável e, de fato, ampliaria a rede

141 Tartuce vê na disposição uma cláusula geral: "a norma deve ser aplicada a qualquer categoria de dano, uma vez que se refere ao abrandamento do nexo de causalidade, atenuando-o de acordo com o caso concreto e a concausalidade que envolve a lide – ideia de causalidade adequada". Disponível em: <http:///www.cartaforense.com.br/Materia.aspx?id=3622>. Acesso em: 12 jan. 2021.

de proteção que os agentes racionais empregariam como suporte no empreendimento de iniciativas potencialmente arriscadas.

A fórmula de Hand pode funcionar assim como um modelo alternativo de análise do tema indicando a conveniência de incorporação de seu padrão de argumentação tanto em decisões judiciais como, também, na concepção de políticas públicas e estruturação de normas jurídicas.

11.7. CONCLUSÃO

Observa-se, assim, que a responsabilidade civil sob o método de aferição objetiva é resultado de uma construção histórica fundada no direito individual, mas comporta, também, a busca de eficiência, que, nesse caso, somente poderia prestigiar adequadamente os princípios da precaução e prevenção mediante o modelo normativo mais capaz de induzir os agentes a adotar os melhores e mais amplos meios de inibição das lesões ao ambiente.

A jurisprudência do Superior Tribunal de Justiça tem consagrado o emprego da responsabilidade objetiva como representativa dos princípios ambientais prudenciais e do poluidor-pagador que a eles é conexo neste tema, observando-se, inclusive, uma tendência de ampliação da responsabilidade objetiva ambiental em relação a sua equação estrutural clássica. Isso, contudo, não implica, necessariamente, na rejeição completa da incidência da fórmula de Hand.

A fórmula de Hand poderia ser aplicada como técnica de redução do montante indenizatório mediante a interpretação ampliativa do art. 944 do Código Civil Brasileiro, com a finalidade de gerar incentivos adequados para que os agentes, concretamente, passem a tomar as medidas precaucionais adequadas considerados os riscos das atividades empreendidas.

REFERÊNCIAS

ALVAREZ, Alejandro Bugallo. Análise Econômica do Direito. *Revista Direito Estado e Sociedade,* v. 9. n. 29. jul./dez., 2006.

ARAÚJO, Jose Henrique Mouta. O julgamento de Recursos Especiais por amostragem: notas sobre o art. 543-C do CPC. *Revista Dialética de Direito Processual.* n.65, ago. 2008.

ARENHART, Sérgio. *Perfis da Tutela Inibitória Coletiva.* São Paulo: Editora Revista dos Tribunais, 2003.

BAUR, Fritz. *Tutela Jurídica mediante Medidas Cautelares.* Porto Alegre: Fabris, 1985.

BEDAQUE, José Roberto dos Santos. Os elementos objetivos da demanda examinados à luz do contraditório. *In.* TUCCI, José Rogério Cruz; BEDAQUE, José Roberto dos Santos (Coords.). *Causa de pedir e pedido no processo civil*: (questões polêmicas). São Paulo: Revista dos Tribunais, 2002.

BEDAQUE, José Roberto dos Santos. *Direito e Processo.* São Paulo: Malheiros, 2003.

CAMBI, Eduardo. *A Prova Civil.* São Paulo: RT, 2006.

CANOTILHO, JJ Gomes. *Direito Constitucional e Teoria da Constituição.* Coimbra: Almedina, 2000.

COOTER, Robert; ULLEN, Thomas. *Derecho Y Economía.* México: Fondo de Cultura, 1999.

COSSIO DIAZ, Jose Ramon. *Derecho Y análisis económico.* México: Fondo de Cultura Económico, 2002.

DERANI, Cristiane. *Direito Econômico Ambiental.* São Paulo: Max Limonad, 2001.

DESTEFENNI, Marcos. *Natureza Constitucional da Tutela de Urgência.* Porto Alegre: Fabris, 2002.

DEWEY, John. O desenvolvimento do pragmatismo americano. *Scientia studia, v. 5, n.2.* São Paulo, 2007.

DIAS, Jean Carlos. *O Controle Judicial de Políticas Pública.* São Paulo: Método, 2007.

DIAS, Jean Carlos. *Curso Crítico do Processo de Conhecimento.* Curitiba: Juruá, 2007.

DIAS, Jean Carlos. *As cadeias prometéicas: ainda o ônus da prova nas ações ambientais. Revista de Processo,* n. 153.

DIAS, Jean Carlos. Políticas Públicas e questão ambiental. *Revista de Direito Ambiental.* n. 31, jul./set. 2003.

DIAS, Jean Carlos. A proteção à coisa julgada parcial no processo civil brasileiro. *Revista Gênesis de Direito Processual Civil.* Ano IX, n.34, Out./dez. 2004.

DIAS, Jean Carlos. A inaplicabilidade da tese da ofensa indireta aos casos de violação ao direito fundamental ao devido processo legal. *Revista Dialética de Direito Processo.* n. 48, mar. 2007.

DIAS, Jean Carlos. *Tutelas de Urgência, Princípio Sistemático da Fungibilidade.* Curitiba: Juruá, 2003, p. 82.

DIAS, Jean Carlos; MACHADO, Rafael Bicca. Análise Econômica do Processo in *Direito e Economia no Brasil.* TIMM. Luciano Benetti (org). São Paulo: Atlas. 2014.

DIAS, Jean Carlos, SILVA, Samira Viana. O Direito Sumular Brasileiro: Uma Abordagem Crítica à Luz da Teoria dos Precedentes e da Análise Econômica do Direito. *In* DIAS, Jean Carlos; BRITO FILHO, José Claudio Monteiro de; MOUTA, José Henrique (Orgs.). *Concretização dos Direitos Fundamentais e sua Fundamentação Abordagens a partir da teoria do processo, da análise econômica e das teorias da justiça.* Rio de Janeiro: Lumen Juris, 2017.

DIAS, Jean Carlos; SOUZA JÚNIOR, Geraldo Magela Pinto de. A crítica da economia comportamental à teoria coasiana dos custos sociais: a relevância do efeito dotação em negociações. *In Direito, economia e desenvolvimento econômico sustentável* [Recurso eletrônico on-line] organização CONPEDI/CESUPA Coordenadores: Ana Elizabeth Neirão Reymão; Lair da Silva Loureiro Filho; Jorge Luiz Oliveira dos Santos – Florianópolis: CONPEDI, 2019.

DIAS, Jean Carlos; TUPINAMBÁ, Piera da Rocha Martins. O cenário da assimetria de informações e seus impactos no instituto da mediação, sob a ótica da análise econômica do direito. *In* DIAS, Jean Carlos; BRITO FILHO, José Claudio Monteiro de; MOUTA, José Henrique (Orgs.). *Concretização dos Direitos Fundamentais e sua Fundamentação Abordagens a partir da teoria do processo, da análise econômica e das teorias da justiça.* Rio de Janeiro: Lumen Juris, 2017.

Dias, Jean Carlos. *Teorias Contemporâneas do Direito e da Justiça.* 2 ed. Salvador: Juspodivm, 2019.

DIDIER JR, Fredie. *Curso de Direito Processual Civil, v.1.* Salvador: Juspodivm, 2006.

DINAMARCO, Candido Rangel· *Instituições de Direito Processual Civil, v. 3*. São Paulo: Malheiros, 2002.

DWORKIN, Ronald. *Levando os Direito à Sério*. São Paulo: M. Fontes, 2002.

FERREIRA, Helini Sivini; MORATO LEITE, José Rubens (Orgs.). *Estado de Direito Ambiental: tendências*. Rio de Janeiro: Forense Universitária, 2004.

FIORILLO, Celso Antonio Pacheco. *Curso de Direito Ambiental Brasileiro*. São Paulo: Saraiva, 2001.

FUX, Luiz. *Curso de Direito Processual Civil*. Rio de Janeiro: Forense, 2004.

FUX, Luiz; BODART, Bruno. *Processo Civil e Análise Econômica*. Rio de Janeiro: Forense, 2019.

GAGLIANO, Pablo Stolze; PAMPLONA FILHO, Rodolfo. *Novo curso de direito civil. v 3*. 4. Ed. São Paulo: Saraiva, 2006.

GARCIA, Manoel Enriquez. *Manual de Economia* – Equipe de Professores da USP. São Paulo: Saraiva, 1998.

GICO JR, Ivo. *Análise Econômica do Processo Civil*. São Paulo: Foco. 2020.

GÓES, Gisele. Reclamação Constitucional. *In*: DIDIER JR, Fredie (org.). *Ações Constitucionais*. Salvador: Juspodivm, 2006.

HUND, Heidi. *O combate moral*. São Paulo: M. Fontes, 2004.

JONES, Craig. *Theory of Class Actions*. Toronto: Iwin Law, 2003.

KANEHMAN, Daniel. *Rápido e Devagar Duas Formas de Pensar*. São Paulo: Objetiva, 2012.

KERLEY, Peggy; HAMES, Joane Banker; SUKYS, Paul. *Civil Litigation*. New York: Thomson Delmar Learning, 2005.

LANDSBURG, Steven E. *Price Theory and applications*. Second Edition. Dryden Press. 1992.

LIEBMAN, Enrico Túlio. *Manuale de Diritto Processuale Civile*. Milano: Giufré Editore. 2002.

LISBOA, Roberto Senise. *Manual de Direito Civil, v.6*. São Paulo: RT, 2004.

LUISO, Francesco. *Istituzioni de Diritto Processuale Civile*. Torino: G. Giappichelli Editore, 2003.

MANCUSO, Rodolfo de Camargo. *Interesses Difusos*. São Paulo: RT, 2000.

MARCATO, Antonio Carlos (Coord). *Código de Proceso Civil Interpretado*. São Paulo: Atlas, 2004.

MARINONI, Luis Guilherme. *Tutela Inibitória*. São Paulo: Revista dos Tribunais, 2003.

MARINONI, Luis Guilherme. *Teoria Geral do Processo.* São Paulo: RT, 2006.

MATTOS, Paulo (coord*). Regulação Econômica e Democracia*. São Paulo: Editora 34, 2004.

MEDINA, José Garcia. *Execução Civil.* São Paulo: Revista dos Tribunais, 2002.

MENDES, Gilmar Ferreira. *Jurisdição Constitucional.* São Paulo. Saraiva, 2005.

MILARÉ, Edis. *Direito do Ambiente.* São Paulo: RT, 2001.

MONIZ DE ARAGÃO. *Comentários ao Código de Processo Civil, v.2.* Rio de Janeiro: Forense, 2004.

MORATO LEITE, José Rubens. *Dano Ambiental: do individual ao coletivo extrapatrimonial.* São Paulo: RT, 2003.

MORATO LEITE, José Rubens. *Estado de Direito Ambiental: Tendências.* Rio de Janeiro: Forense Universitária, 2004.

MOURA, Luiz Antônio Abdalla de. *Economia Ambiental.* São Paulo: Juarez de Oliveira, 2000.

NERY JR., Nelson. *Código de Processo Civil Comentado.* São Paulo: RT, 2003.

NUSDEO, Fábio. *Curso de Economia.* São Paulo: RT, 2000.

PATRÍCIO, Miguel Carlos Teixeira. *Análise Econômica da Litigância.* Coimbra: Almedina, 2004.

PEREIRA, Bernardo Augusto da Costa. *Os precedentes judiciais e a razoável duração do processo: uma análise a partir da teoria do direito como integridade de Ronald Dworkin.* Rio de Janeiro: Lumen Juris, 2017.

PORAT, Ariel. *Expanding Restitution*: Liability for Unrequested Benefits. Jon M. *Olin Law & Economics Working Paper* n. 388. Disponível em: <https://chicagounbound.uchicago.edu/cgi/viewcontent.cgi?referer=https://www.google.com/&httpsredir=1&article=1201&context=law_and_economics>. Acesso em: 12 jan. 2021.

PORTER, Michael E. *Competição.* Rio de Janeiro: Campus, 1999.

POSNER, Richard. *El análisis económico del derecho.* México: FCE, 2007.

RODRIGUES, Vasco. *Analise Econômica do Direito.* Coimbra: Almendina, 2007.

RODRIGUES, Marcelo Abelha. *Elementos de Direito Processual Civil, v. 2.* São Paulo: RT, 2003.

ROSENTHAL, Sandra. Pragmatismo Americano Clássico: Uma visão geral sistemática. *Revista Cognitio*. São Paulo. n. 3, nov. 2002.

SHAVELL, Steven. *Foundations of Economic Analysis of Law.* Cambridge: Belkanap Harvad Press, 2004.

SHOOK, J. *Os Pioneiros do Pragmatismo Americano.* São Paulo: DP&A, 2007.

SILVA, Ovídio Batista da. *Da sentença Liminar à Nulidade da Sentença*. Rio de Janeiro: Forense, 2002.

SILVA, Ovídio Batista da. *Sentença e Coisa Julgada*. Rio de Janeiro: Forense, 2006.

SILVA, Ovídio Batista da. *Teoria Geral do Processo*. São Paulo: RT, 2002.

SIRVINSKAS, Luis Paulo. *Manual de Direito Ambiental*. São Paulo: RT, 2002.

SMANIO, Gianpaolo Poggio. *A tutela Penal dos interesses difusos*. São Paulo: Atlas, 2000.

TALAMINI, Eduardo. *Tutela Relativa aos deveres de fazer e não fazer*. São Paulo: Revista dos Tribunais, 2003.

TARTUCE, Flávio. A Redução Equitativa da indenização nos arts. 944 e 945 do Código Civil. *Jornal Carta Forense*, 3 de março de 2009. Disponível em: <http://www.cartaforense.com.br/conteudo/artigos/a-reducao-equitaviva-da-indenizacao-nos--arts-944-e-945-do-codigo-civil/3622>. Acesso em: 12 jan. 2021.

TARZIA, Giuseppe. *Lineamenti Del Processo Civile di Cognizione*. Milando Giufrè Editore, 2002.

TAVARES, André Ramos. *Súmula Vinculante*. São Paulo: Método, 2007.

TEBBIT, Mark. *Philosophy of Law*. New York: Routledge, 2005.

TIMM. Luciano Benetti. *Artigos e Ensaios de Direito e Economia*. Rio de Janeiro: Lumen Juris. 2018.

TIMM. Luciano Benetti (org). *Direito e Economia no Brasil* São Paulo: Atlas. 2014.

YARSHELL, Flavio Luiz. *Tutela Jurisdicional*. São Paulo: Atlas, 1999.

WAMBIER, Teresa Arruda Alvim. *Os Agravos no CPC Brasileiro*. São Paulo: Editora Revista dos Tribunais, 2000.

WAMBIER, Teresa Arruda Alvim. *Nulidades do Processo e da Sentença*. São Paulo: Editora Revista dos Tribunais, 1997.

WRIGHT, Richard. Hand, Posner, and the Myth of the 'Hand Formula'. *In*: *Symposium, Negligence in the Law*, 4 Theoretical Inquiries in Law 145, 2003.

ZANETTI JUNIOR, Hermes. Direitos Coletivos lato sensu: a definição conceitual dos direitos difusos, dos direitos coletivos stricto sensu e dos direitos individuais homogêneos. *In*: AMARAL, Guilherme Rizzo; CARPENA, Marcio Louzada (org.). *Visões Crítica do Processo Civil Brasileiro*. Porto Alegre: Livraria do Advogado, 2005.

ZYLBERSZTAJN, Decio; Sztajn, Rachel (orgs). *Direito & Economia*. São Paulo: Campus, 2005.

EDITORA
JusPODIVM
www.editorajuspodivm.com.br
RENOVA
GRAF
www.renovagraf.com.br